AF586276

RÉPONSE

POUR le Comte D'ACHÉ,

AUX Imputations faites contre ce Chef d'Escadre par le Comte de Lally, par son Mémoire in-4°. *& son Mémoire* in-folio, *intitulé:* Tableau Historique de l'Expédition de l'Inde.

CHAPITRE PREMIER.

§. I. *Relâche à Brest.* §. II. *A Rio-Janeiro.* §. III. *Prise faite en route.* §. IV. *Traversée de Brest à Pondichery.*

IMPUTATIONS faites au Comte d'Aché, par le Comte de Lally.

LE Comte de Lally dit *page 27 de son Mémoire in-4°.* Il faut ranger dans cette classe le retranchement des forces destinées à notre ex-

REPONSES.

§. I. *Relâche à Brest.*

ON voit que le Comte de Lally se contredit dans l'exposition de ce fait. Il dit dans son Mémoire in-

pédition, la longueur inouie de la traversée qui fut de douze mois.

Page 29 Idem. Le Comte d'Aché appareilla le 5 Mars; mais une Frégate qui devoit nous précéder à la sortie du Goulet de Brest ne s'étant pas trouvée prête à l'heure que le Chef d'Escadre avoit prescrite, ce contretems lui fit perdre la marée, il fut démâté de son petit hunier en revirant de bord, & jugea à propos de rentrer dans la rade où il fut retenu deux mois & demi, par les vents contraires.

Page 30 Idem. Notre Escadre s'empara d'un Vaisseau Anglois, dont la valeur pouvoit être de 40000 livres; & cette prise qui marcha de conserve avec nous, nous fit employer trois mois entiers depuis notre départ de l'Orient jusqu'à la relâche de Rio-Janeiro.

Nous y séjournâmes deux mois, il en fallut trois pour se rendre avec le bâtiment Anglois à l'Isle de France.

Page 33 Idem. Il est incontestable que si le Comte d'Aché avoit employé trois mois de moins à son voyage, nous aurions été maîtres de toute l'Inde, avant qu'il eût

4°. qu'une Frégate a fait perdre la marée au Comte d'Aché, qui fut démâté de son petit hunier en revirant de bord, & qu'il jugea à propos d'entrer dans la rade. Dans son Mémoire in-fol. que sur un petit accident arrivé à un de ses Vaisseaux, le Comte d'Aché étoit rentré dans le Port.

Il est difficile d'en imposer sur les faits. Quel avantage le Comte de Lally peut-il tirer du soin qu'il se donne de déguiser celui-ci dans deux exposés différens? Quelle utilité en peut-il résulter pour sa défense? Veut-il insinuer que la relâche n'étoit pas nécessaire, qu'elle n'est que la suite, ou l'effet de la mauvaise volonté du Comte d'Aché? Loin de le persuader, il doit craindre au contraire que le Public, révolté de l'entendre grossié-

RÉPONSE

POUR le Comte D'ACHÉ,

AUX Imputations faites contre ce Chef d'Escadre par le Comte de Lally, par son Mémoire in-4°. *& son Mémoire* in-folio, *intitulé:* Tableau Historique de l'Expédition de l'Inde.

CHAPITRE PREMIER.

§. I. *Relâche à Brest.* §. II. *A Rio-Janeiro.* §. III. *Prise faite en route.* §. IV. *Traversée de Brest à Pondichery.*

IMPUTATIONS faites au Comte d'Aché, par le Comte de Lally.

LE Comte de Lally dit *page 27 de son Mémoire in-4°.* Il faut ranger dans cette classe le retranchement des forces destinées à notre ex-

REPONSES.

§. I. *Relâche à Brest.*

ON voit que le Comte de Lally se contredit dans l'exposition de ce fait. Il dit dans son Mémoire in-

pédition, la longueur inouie de la traverſée qui fut de douze mois.

Page 29 Idem. Le Comte d'Aché appareilla le 5 Mars; mais une Frégate qui devoit nous précéder à la ſortie du Goulet de Breſt ne s'étant pas trouvée prête à l'heure que le Chef d'Eſcadre avoit preſcrite, ce contretems lui fit perdre la marée, il fut démâté de ſon petit hunier en revirant de bord, & jugea à propos de rentrer dans la rade où il fut retenu deux mois & demi, par les vents contraires.

Page 30 Idem. Notre Eſcadre s'empara d'un Vaiſſeau Anglois, dont la valeur pouvoit être de 40000 livres; & cette priſe qui marcha de conſerve avec nous, nous fit employer trois mois entiers depuis notre départ de l'Orient juſqu'à la relâche de Rio-Janeiro.

Nous y ſéjournâmes deux mois, il en fallut trois pour ſe rendre avec le bâtiment Anglois à l'Iſle de France.

Page 33 Idem. Il eſt inconteſtable que ſi le Comte d'Aché avoit employé trois mois de moins à ſon voyage, nous aurions été maîtres de toute l'Inde, avant qu'il eût 4°. qu'une Frégate a fait perdre la marée au Comte d'Aché, qui fut démâté de ſon petit hunier en revirant de bord, & qu'il jugea à propos d'entrer dans la rade. Dans ſon Mémoire in-fol. que ſur un petit accident arrivé à un de ſes Vaiſſeaux, le Comte d'Aché étoit rentré dans le Port.

Il eſt difficile d'en impoſer ſur les faits. Quel avantage le Comte de Lally peut-il tirer du ſoin qu'il ſe donne de déguiſer celui-ci dans deux expoſés différens? Quelle utilité en peut-il réſulter pour ſa défenſe? Veut-il inſinuer que la relâche n'étoit pas néceſſaire, qu'elle n'eſt que la ſuite, ou l'effet de la mauvaiſe volonté du Comte d'Aché? Loin de le perſuader, il doit craindre au contraire que le Public, révolté de l'entendre groſſié-

été possible à nos ennemis de venir au secours de leurs établissemens.

Page premiere du Mémoire in-folio. Le Comte d'Aché avoit mis à la voile le 20 Février 1757 avec le Comte de Lally & deux millions; mais sur un petit accident survenu à un de ses Vaisseaux, en débouchant du Goulet de Brest, il est rentré dans le Port où les vents l'ont retenu jusqu'au 2 Mai.

Page 2 Ibid. Le Comte d'Aché, outre les deux mois & demi que sa rentrée dans le Port de Brest lui avoit fait perdre, en emploie encore douze dans sa traversée; ainsi le premier incident ôte au Comte de Lally le tiers de ses forces, & le second donne le temps à l'Amiral Stewens, parti d'Angleterre trois mois après le départ du Comte d'Aché, d'arriver à la Côte deux mois encore avant lui; d'où l'on peut conclure que, si le Comte d'Aché eût *porté à route* comme l'Amiral Stewens, il fût arrivé dans l'Inde trois mois au moins avant lui, & même cinq mois & demi, s'il eût continué sa route la premiere fois qu'il est sorti de Brest, comme c'étoit l'avis de rement altérer la vérité dans un fait aussi simple, ne se prévienne contre tous ceux dont il va lui rendre compte. Il n'en est pas un de ceux qui regardent le Comte d'Aché, que le Comte de Lally ne rende avec la même infidélité.

L'événement de cette relâche est détaillé page 5 du Mémoire du Comte d'Aché avec la plus scrupuleuse exactitude. Ce Chef d'Escadre en instruisit M. de Moras, par ses Lettres du 6 & du 11. On joint ici, N°. 1, l'extrait de celle par laquelle ce Ministre marquoit au Comte d'Aché que le Roi avoit approuvé sa relâche dans le Port. Il n'y a donc aucun reproche à faire à cet égard au Comte d'Aché. Certainement ce Chef d'Escadre n'a pas voulu, & même il ne pouvoit pas en imposer au Ministre sur un

toute la Marine ; mais deux mois, un mois même d'avance, eût suffi au Comte d'Aché pour empêcher la jonction de cet Amiral avec l'Amiral Pokok, & pour rendre le Comte d'Aché Maître des mers de l'Inde ; il eût suffi pour rendre le Comte de Lally maître de saint David, de Madras & de toute la côte de Coromandel.

Et par une note au bas de cette même page, *porter à route* en terme de marine, c'est ne pas s'amuser à faire une petite prise marchande qui ne valoit pas 40000 livres & perdre deux mois entiers pour la conserver, en mettant en panne toutes les nuits ; c'est ne pas perdre six semaines à une relâche, pour vendre sa cargaison, & la charger de nouveau ; c'est ne pas perdre six semaines pour eviter le Cap pendant l'Equinoxe, c'est ne pas prendre la plus longue route de l'Isle de France à Pondichery pour éviter le second Equinoxe, c'est ne pas faire fausse route dans la nuit à l'aspect de la premiere voile qu'on apperçoit dans la journée ; c'est ne pas amener toutes les voiles à chaque grain qu'on apperçoit dans le ciel fait dont le Port de Brest étoit témoin.

§. II. *Relâche à Rio-Janeiro.*

Il n'est pas sans exemple qu'un Vaisseau seul ait fait la traversée des Ports d'Europe à l'Isle de France, sans relâcher ; mais c'est très-rare. On ne craint point d'assûrer qu'il est impossible qu'une Escadre fasse cette traversée sans relâcher dans quelque Port, à plus forte raison une Escadre composée d'un seul Vaisseau de guerre & de Vaisseaux de charge, tous encombrés de passagers & de bagages. Les instructions du Roi, le Mémoire de la Compagnie le disent expressément, & il étoit recommandé au Comte d'Aché de relâcher aux Isles du Cap vert, ou à l'Isle Grande.

au passage de la ligne, qu'on ne passe qu'à la faveur de ces grains. Voilà cependant ce qu'on a fait. En un mot porter à route, c'est aller à sa destination au plus vîte & par le plus court, & voilà ce qu'on n'a pas fait.

Mais quand cette relâche n'auroit pas été recommandée au Comte d'Aché, ce Chef d'Escadre auroit toujours été forcé de la faire. Il s'étoit séparé des Vaisseaux qui pouvoient retarder sa marche. Il falloit les attendre pour passer le Cap de Bonne-Espérance. Il falloit leur indiquer un point de réunion. Il falloit relâcher dans le lieu indiqué pour les attendre.

Quand le Comte d'Aché n'auroit point eu ce motif, il auroit encore relâché. Il avoit une quantité prodigieuse de malades & de scorbutiques dans ses Vaisseaux. Ils avoient besoin de rafraîchissemens; il falloit relâcher pour leur en procurer. La relâche du Comte d'Aché à Rio-Janeiro ne peut donc être l'objet d'une imputation, puisqu'elle étoit prescrite par des raisons de service, par des motifs d'humanité, enfin recommandée par le Roi & la Compagnie.

Le Comte d'Aché a séjourné deux mois à Rio-Janeiro. Ses malades l'y ont forcé; & le Comte de Lally sçait que ce Chef d'Escadre fit rembarquer à son départ un nombre prodigieux de Matelots encore malades. C'est un fait trop connu pour qu'il ose le désavouer.

§. III. *Prise.*

Le 5 Juin, l'Escadre rencontra le bateau le Cigne,

allant faire la traite des Negres, dont elle s'empara. C'eſt le Vaiſſeau Anglois dont le Comte de Lally parle. Ce Lieutenant Général a dit dans ſon interrogatoire· *le Comte d'Aché ne devoit faire aucune priſe en deça de la ligne, & il a pris un bâtiment qui a arrêté ſa marche. Le deſir de faire le commerce & l'appas du gain lui ont fait faire cette priſe.*

L'extrait des Inſtructions du Comte d'Aché, & du Mémoire de la Compagnie qu'on joint ici N°. 4, prouve que non-ſeulement cette défenſe n'a jamais été faite au Comte d'Aché, mais encore qu'on lui recommande de s'emparer des Navires negriers allans ou revenans de la Côte. Le Bateau le Cigne alloit faire la traite des Negres. Le Comte d'Aché n'a donc fait que ſe conformer à ſes ordres. Le Comte de Lally dit dans ſon Mémoire in-folio, en parlant de cette priſe, *ce n'eſt pas perdre ſix ſemaines pour vendre ſa cargaiſon & la charger de nouveau.*

1°. C'eſt une impoſture manifeſte. Le Bateau le Cigne a été conduit à l'Iſle de France, où il a été jugé pour la validité de la priſe par le Conſeil de cette Iſle. Sa cargaiſon a été vendue par ce même Conſeil, & les fonds en provenans ont été dépoſés à la caiſſe de la Compagnie.

2°. Le Comte d'Aché ſomme & interpelle le Comte de Lally, de déclarer ce qu'il veut dire par ces mots : ET LA CHARGER DE NOUVEAU. Veut-il perſuader que le Comte d'Aché l'a fait charger pour ſon compte. Les Ordonnances de la Marine défendent aux Officiers des Vaiſſeaux de Sa Majeſté de faire le commerce. Un Officier qui les enfreint doit être puni. Un Commandant doit l'être plus ſévérement. Si le Comte de Lally entend que le Comte d'Aché a fait charger ce bateau pour ſon compte, ce Chef d'Eſcadre demande qu'il en adminiſtre la preuve. Si le Comte de Lally n'en apporte aucune, comme le Comte d'Aché eſt certain qu'il lui eſt impoſſible d'en rapporter, ce Chef d'Eſcadre demande que le Comte de Lally ſoit tenu de lui faire réparation authentique d'une accuſation auſſi grave & auſſi calomnieuſe.

Le Comte d'Aché eſt connu dans ſon Corps pour n'avoir jamais été pacotilleur. Si l'on avoit des doutes à cet égard, la médiocrité de ſa fortune eſt une preuve qui convaincroit les plus incrédules. Tout le monde ſçait que le Comte d'Aché ne poſſéde rien au-delà de ſes appointemens de Lieutenant-Général, & des 3000 liv. attachés à ſon Cordon.

On a chargé à Rio-Janeiro ſur le Bateau le Cigne des barils de farine & des bariques de ſucre : le Comte d'Aché en convient ; mais il nie formellement d'y avoir eu d'autre part que ſon conſentement, qu'il ne devoit & ne pouvoit refuſer relativement à ſa miſſion.

On a vû, page 15 du Mémoire du Comte d'Aché, que les ſieurs Mahon & Bourdié relâcherent dans leur retour en Europe à Rio-Janeiro, dans le tems que l'Eſcadre y étoit. Ces Capitaines dirent au

Comte d'Aché publiquement, qu'on manquoit de farines & de ſucre à l'Iſle de France. Le fait ne s'eſt trouvé que trop vrai. M. de Mondion, Commiſſaire de l'Eſcadre, propoſa de faire charger ſur le Cigne le plus de ces denrées qu'il ſeroit poſſible. Le Comte d'Aché donna ſon conſentement à l'opération qui fut faite par ce Commiſſaire pour le compte de la Compagnie, & à qui il a dû en compter. Le fait ne regarde point le Comte d'Aché. Si l'on a quelque imputation à faire à cet égard, elle ne peut tomber que ſur M. de Mondion, que le Comte d'Aché croit très-à l'abri de tout reproche.

§. IV. *La Traverſée de Breſt à Pondichery.*

Tout le monde ſçait que la briéveté ou la longueur d'une traverſée, ne dépend point de la volonté du Commandant d'une Eſcadre ; les vents favorables l'accélerent, les vents contraires la prolongent. Il n'eſt point de Marin qui puiſſe les aſſujettir à ſon commandement : le plus ou le moins de calme que l'on trouve ordinairement dans certains parages, peuvent y influer ; tout ce qu'on peut exiger d'un Commandant d'Eſcadre, c'eſt de prendre toutes les précautions qui dépendent de lui pour abréger ſa traverſée : le Comte d'Aché l'a fait.

Il eſt parti de Groix le 3 Mai 1757 ; le 17, s'apperçevant que les vaiſſeaux de charge ne pouvoient le ſuivre & retarderoient ſa marche, il tient un conſeil

de

de marine, où le Comte de Lally aſſiſte. Il y eſt décidé que l'on fera ſeulement route avec *le Bien-Aimé* & *la Diligente*, que les autres vaiſſeaux ſe rendront comme ils pourront à l'Iſle-Grande, fixée pour le point de réunion ; il donne les ordres en conſéquence à chacun de ſes vaiſſeaux.

Le Comte d'Aché a donc pris les ſeules précautions qu'il avoit à prendre pour n'être pas retardé dans ſa traverſée : les vaiſſeaux de guerre qui naviguent ſeuls, doivent faire & feront toujours une traverſée plus courte qu'une Eſcadre qui eſcorte un convoi, & qui eſt par conſéquent obligée de régler ſa voilure ſur ceux des vaiſſeaux de charge qu'elle convoye qui marchent le moins.

Si les vents n'ont pas répondu aux deſirs du Comte d'Aché ; ſi les calmes en-deçà & au-delà du tropique & de la ligne, ſe ſont oppoſés à l'empreſſement que ce Chef d'Eſcadre avoit de tranſporter le Comte de Lally à Pondichery, on ne peut avec fondement lui en faire un crime. Ce ſont de ces accidens communs à la mer, auxquels on ne peut remédier ; il n'eſt donc pas poſſible de les imputer au Comte d'Aché perſonnellement.

Le Comte de Lally invente dans ſon Mémoire in-fol. un terme de marine pour débiter dans une note qu'il ajoute au bas de la page, dans l'intention de l'expliquer, un tas de calomnies & d'impoſtures contre le Comte d'Aché, *porter à route* ; on n'avoit dit juſqu'à préſent que faire route, porter en route.

Comment le Comte de Lally ose-t-il accuser le Comte d'Aché sur des faits constatés par des journaux, sur lesquels il n'est pas possible de varier, & qu'on ne change pas à son gré?

Quelle témérité ! le Comte d'Aché va déposer au Greffe de la Cour l'original du journal du sieur Gotho, Lieutenant en pied du vaisseau *le Zodiaque*, que ce Chef d'Escadre commandoit, & qui a été tué dans le troisieme combat. Cette piéce prouvera que le Comte d'Aché n'a pas même perdu une seconde de tems pour faire la prise du bateau *le Cigne*, qu'il n'a mis en panne aucune nuit pour conserver cette prise, qu'il n'a point perdu six semaines pour éviter le Cap pendant l'équinoxe, qu'il a pris la route ordinaire pour aller aux Indes, qu'il n'a point fait fausse route dans la nuit à l'aspect de la premiere voile qu'il voyoit dans la journée, qu'il n'a point amené ses voiles à chaque grain qu'il a apperçu dans le ciel au passage de la ligne, qu'il ne les a amenées que quand la force des grains l'y a contraint pour éviter d'être démâté; enfin cette piéce démontrera dans tout son jour la fausseté & l'attrocité de cette accusation du Comte de Lally. Ce journal prouvera encore que le Comte d'Aché est arrivé à l'Isle-Grande & à l'Isle de France avant tous les vaisseaux de l'Escadre : en faut-il davantage pour confondre le Comte de Lally?

La prise, dit-il dans son Mémoire in-4°. a fait employer trois mois de l'Orient à l'Isle-Grande ; dans son Mémoire in-fol. il ne compte que deux mois La vérité eſt une, elle n'a qu'un langage. Un de ces exposés eſt faux certainement; ils le ſont l'un & l'autre.

La tournure du premier expoſé donne lieu de croire que ce fut en ſortant de l'Orient que l'Eſcadre s'empara du bateau *le Cigne*; l'Eſcadre eſt partie de l'Orient le 3 Mai 1757, elle a fait cette priſe le 5 Juin 1757, un mois & deux jours après ſon départ; elle eſt arrivée à l'Iſle-Grande le 16 Juillet 1757, deux mois & treize jours après ſon départ; comment ſe peut-il faire que cette priſe ait fait employer trois ou deux mois dans la traverſée de l'Orient à l'Iſle-Grande, puiſqu'elle n'a été au total que de deux mois & treize jours?

Cette priſe n'a point retardé la navigation de Rio-Janeïro à l'Iſle de France. Peu de tems après le départ de cette relâche, elle s'eſt ſéparée de l'Eſcadre, & n'eſt arrivée à l'Iſle de France que long-tems après elle. Ce ſont les vaiſſeaux de la Compagnie que le Comte d'Aché ne pouvoit abandonner aux approches du Cap de Bonne-Eſpérance, où il devoit craindre de trouver une Eſcadre Angloiſe, & dont il s'eſt ſéparé quand il a pû le faire ſans riſque, qui ont prolongé ſa navigation.

Le Comte d'Aché eſt arrivé à la côte de Coromandel aſſez à tems, pour donner au Comte de Lally celui de conquérir toute l'Inde: le Comte d'Aché eſt arrivé à 30 lieues de Pondichery le 27 Avril 1758, le 29 Mai il s'eſt battu contre l'Eſcadre Angloiſe. Dans les premiers jours de Mai, le Fort Saint-David a été investi : le 3 Juin, cette place s'est rendue. Le Comte de Lally étoit en état d'aller à Madras à la fin de Juin ; la longueur de la traversée n'a donc point empêché le Comte de Lally de faire la conquête de l'Inde : c'est donc a tort que le Comte de Lally veut faire retomber sur le Comte d'Aché les suites funestes de son inconduite.

CHAPITRE II.

OPÉRATIONS A LA COSTE DE COROMANDEL.

§ I. *Surprise & Combat de l'Escadre.* § II. *Refus du Comte d'Aché d'aller à Madras.* § III. *Deuxième Combat & départ de l'Escadre pour les Isles.*

IMPUTATIONS.

Le Comte de Lally dit, page 31, Mémoire in-4° : Le Comte d'Aché fut surpris & attaqué par l'Escadre Angloise, qui eut l'avantage dans le combat.

Page 46, ibid. D'un autre côté le Chef d'Escadre exhortoit le Général à accélérer le siége ; il lui promettoit même les succès les plus avantageux. Mais il ajoutoit : tout ce que je trouve de terrible, est que nous ne puissions pas nous aider réciproquement.

Page 59, ibid. Le Comte

REPONSES.

§ I. *Surprise & Combat de l'Escadre.*

On a vu dans le mémoire du Comte d'Aché, pag. 19. que le 27 Avril 1758, ce Chef d'Escadre, étant mouillé devant Karikal, avoit appris par M. de Modave, qu'il y avoit envoyé pour sçavoir des nouvelles de l'Escadre Angloise, que

d'Aché descendit à terre, & dîna avec le Comte de Lally. Ce Général lui proposa de se rendre avec lui à Pondichery, & de se porter conjointement sur Madras. Il lui offrit même tous les Soldats dont il auroit besoin pour renforcer son Escadre; quoique dans ce même tems les équipages de notre Flotte excédassent d'un quart ceux des ennemis; mais le Comte d'Aché, loin de consentir à la proposition, déclara que son parti étoit pris de s'éloigner de 40 lieues de Pondichery dans le Sud pour croiser sur la pointe de Pedré de l'Isle de Ceylan, & intercepter les Vaisseaux qui pourroient arriver de Londres.

Page 58, ibid. Le Comte de Lally retourna à Pondichery. On y assembla un Conseil, & on y dépêcha une embarquation au Chef d'Escadre, qui fut sommé de revenir. Il revint en effet. Le Général lui réitera ses instances de marcher conjointement sur Madras, ou du moins de se rendre à la hauteur d'Alemparvé...... Le Comte d'Aché persista dans son refus.

Page 78, ibid. De Trivatour il dépêcha le Comte d'Estaing pour engager le l'ennemi étoit à Madras; le Comte d'Aché prit en conséquence le parti de se rendre à Pondichery. Deux Frégates Angloises mouillées à Goudelour, se brûlerent à la vue de l'Escadre. Le Comte de Lally proposa au Comte d'Aché de bloquer Saint-David par mer, & de le faire débarquer à Pondichery, afin que le lendemain ce Général vînt attaquer cette place par terre. Le Comte *de Provence* & *la Diligente* conduisirent le Comte de Lally & son Etat-Major à Pondichery, & le Comte d'Aché resta mouillé sous Goudelour; le 28 Avril, le sieur Porcher, Commandant à Karikal, écrit au Comte d'Aché qu'on venoit de voir une Escadre dans le sud; il adresse cette lettre au Comte de Lally; le Comte d'Aché ne l'a reçue que le premier Mai, trois

Comte d'Aché à ſe porter ſur Madras.

Page 86, ibid. Le Comte d'Aché, ſans avoir égard aux repréſentations du Conſeil, abandonna la Côte le 2 Septembre 1758, & partit avec ſa Flotte pour les Iſles.

Et dans une Note au bas de la page 89. On obſervera que la retraite du Comte d'Aché, qui fut alors blâmée hautement par le Gouverneur, & tout le Conſeil, n'éprouve aujourd'hui aucune critique de la part des Membres de ce même Conſeil. C'eſt contre le Comte de Lally ſeul qu'ils dirigent leurs accuſations.

Le Comte de Lally dit, dans ſon Mémoire in-fol. p. 3 :

Le Comte d'Aché a fait débarquer à Pondichery le 28 Avril 1758 le Comte de Lally, quelques Officiers principaux, ainſi que quelques caiſſes d'argent. Le lendemain 29, comme il ſe préparoit à mouiller avec ſon Eſcadre dans la Rade de Pondichery, il eſt ſurpris par l'Eſcadre Angloiſe à 4 lieues, au vent de Pondichery. Le combat ne lui eſt pas favorable ; & dans ſa retraite ſous le vent de Pondichery, il perd un Vaiſſeau de 74 piéces de canon.

jours après le combat : la lettre du ſieur Porcher, & celle dont le Comte de Lally l'a accompagnée, ont été produites. N°. 5.

Si le Comte d'Aché a été ſurpris, eſt-ce ſa faute ? Il avoit envoyé à Karikal un Officier, qui avoit même la confiance du Comte de Lally, pour s'informer de la poſition de l'ennemi. Devoit-il, pouvoit-il faire quelque choſe de plus ? Le fait du P. Saint-Eſtevan conſtaté au procès par pluſieurs témoins, prouve qu'on n'a rendu au Comte d'Aché qu'un compte infidèle. La lettre du ſieur Porcher du 28, & les conjonctures que le Comte de Lally ajoute dans la ſienne, prouvent que ce ſont là les premieres nouvelles que le Comte d'Aché ait reçues de l'Eſcadre Angloiſe. Cette premiere partie de l'imputation tombe donc d'elle-

Même page, ibid. Le Comte d'Aché, qui pendant le siége de Saint-David, mandoit sans cesse au Comte de Lally qu'il craignoit que l'Escadre Angloise ne vînt d'un moment à l'autre l'attaquer sous le canon de Pondichery, avoit *pris le parti de s'en éloigner de soixante lieues au vent dans le Sud, & cela le jour même que Saint-David s'est rendu.*

Page 4, ibid. Six jours après l'établissement de cette batterie, l'Armée reçoit la nouvelle que le Comte d'Aché a été attaqué par l'Escadre Angloise, & qu'il a essuyé un second échec devant Karikal, qu'il s'est retiré à Pondichery, à trente lieues de cette place, seule communication que le Comte de Lally avoit avec Pondichery, & que l'ennemi bloquoit.

Page 5, ibid. Le Comte de Lally arrive à Pondichery. A son approche l'ennemi se replie sur Madras. Il renouvelle ses instances auprès du Comte d'Aché, pour ne point abandonner la Côte ; il lui offre la moitié de son Armée pour renforcer les équipages de ses Vaisseaux. Le Comte d'Aché part le premier Septembre pour les Isles, le lendemême ; la seconde demande le plus sérieux examen.

Le Comte d'Aché a eu du désavantage dans le combat. Comment le Comte de Lally ose-t-il affirmer ce fait, lui qui le deux Mai, quatre jours après, a écrit au Comte d'Aché, *la perte que vous avez essuyée, mon cher Amiral, ne me console pas de l'avantage que vous avez eu sur la Flotte Angloise?* Les faits étoient récens alors. Ceux de cette espéce n'échappent pas à la mémoire. Il est certain que cette lettre N°. 6. dément complettement ce que le Comte de Lally avance aujourd'hui.

En supposant que le Comte d'Aché eût eu du désavantage, ce qui n'est pas, de l'aveu général, on ne pourroit en imputer la faute qu'au Comte de Lally. 1°. Parce qu'il a exigé *le Comte de Provence*,

demain même du retour du Comte de Lally, sans lui donner le tems de faire ses dépêches pour la Cour, & le Conseil de Pondichery proteste contre son départ.

un des vaisseaux des plus forts de l'Escadre, & la Frégate *la Diligente* pour le transporter à Pondichery avec son Etat Major. 2°. Parce qu'au lieu de laisser partir ce Vaisseau & cette Frégate pour rejoindre l'Escadre, conformément aux ordres du Comte d'Aché, le Comte de Lally leur a donné l'ordre de débarquer auparavant l'argent & les effets qu'ils avoient à remettre à Pondichery. Cet ordre n'a été remis au *Comte de Provence* qu'à midi, comme le prouve le Certificat des Officiers de ce Vaisseau, n°. 4. Il y avoit 120000 liv. sur *le Comte de Provence.*

C'est donc au Comte de Lally qu'on doit imputer le désavantage du combat. Par sa demande indiscrete, & par l'ordre dont on vient de parler, c'est lui qui a privé le Comte d'Aché d'un des plus forts Vaisseaux. Le Comte de Lally sçavoit le vuide qu'il feroit dans l'Escadre. Il l'avoit quitté la veille. Il sçavoit dans quel état étoient les équipages des Vaisseaux. Il sçavoit qu'il y avoit à bord une quantité prodigieuse de malades. Il connoissoit la foiblesse des Equipages. Par le *postscriptum* de sa lettre N°. 5, que le Comte de Lally affecte de dater de huit heures du matin, il marque malignement au Comte d'Aché, *vos deux Vaisseaux vont appareiller pour vous joindre*, & il n'envoye au Comte de Provence qu'à midi, un ordre dont l'exécution doit nécessairement le le retenir dans le Port: Ordre que le Comte de Lally n'avoit pas droit de donner. Il dit page 29 de son Mémoire in-4°. : *ainsi le Commandant des troupes n'avoit pas une seule Chaloupe de la Compagnie à sa disposition.*

Cet ordre seul fait le motif de l'imputation la plus juste & la plus grave contre le Comte de Lally. Il enfreint volontairement & sciemment les ordres du Roi, qui n'a pas laissé une seule chaloupe de la Compagnie à sa disposition, pour retenir dans la Rade de Pondichery un Vaisseau & une Frégate, contre l'ordre positif du Commandant, à qui le Roi a confié la disposition des Vaisseaux de la Compagnie. Dans quel tems le Comte de Lally les retient-il ? Dans le tems que les deux Escadres sont en vûe, dans le tems qu'elles sont pour ainsi dire aux prises. Le Comte de Lally retient ces deux Vaisseaux, dans le moment que leur réunion pouvoit donner une supériorité décidée à l'Escadre Françoise sur celle des Anglois, & procurer au Comte d'Aché tout l'avantage du combat. Il est incontestable que si ce Chef d'Escadre avoit eu le Comte de Provence, il auroit battu complettement l'Escadre Angloise, s'il ne l'avoit pas détruite en partie. Le Comte de Lally devoit tout faire pour l'Escadre dans un instant aussi important. Ce combat seul pouvoit décider, finir même toute la Guerre de l'Inde. Si l'Escadre Françoise eût remporté une victoire complette, le succès des opérations dont le Comte de Lally en étoit chargé, étoit le premier fruit.

La deſtruction des forces navales d'Angleterre étoit le point capital, le point recommandé aux deux Généraux par leurs inſtructions. On ne pouvoit donc dans un moment auſſi déciſif donner trop de forces à l'Eſcadre. Le Comte de Lally l'affoiblit au contraire en retenant à Pondichery, ſans en avoir le pouvoir, un de ſes plus forts Vaiſſeaux. Cette infraction à ſes inſtructions, cet ordre, tout dit que le Comte de Lally ne vouloit pas que l'Eſcadre Françoiſe eût l'avantage ; c'eſt donc lui ſeul qui doit répondre perſonnellement du déſavantage qu'il dit que le Comte d'Aché a eu dans ce combat, puiſque ce déſavantage procéde du fait du Comte de Lally ſeul.

§. II. *Refus du Comte d'Aché d'aller à Madras.*

Il n'y avoit que deux opérations à la Côte de Coromandel auxquelles l'Eſcadre pouvoit être utile. Le ſiége du Fort Saint-David & celui de Madras. Le Comte d'Aché bloquoit le Fort Saint-David par mer, lorſque l'Eſcadre Angloiſe eſt venue l'attaquer. Après ce combat, l'Eſcadre eſt reſtée à Pondichery emboſſée, faute de vivres, d'hommes & de choſes néceſſaires aux réparations des Vaiſſeaux. Le Comte de Lally faiſoit le ſiége de Saint-David. Les Frégates de l'Eſcadre tranſportoient les munitions de guerre par mer. Les Vaiſſeaux de l'Eſcadre croiſoient l'un après l'autre à l'Oueſt de Saint-David, pour empêcher les Anglois d'y porter du ſecours. Si leur Eſcadre eût paru, le Comte d'Aché, mouillé dans la Rade de Pondichery, pouvoit appareiller pour la combattre encore, au moment qu'on l'auroit mis en état de le faire. Il concouroit donc à la premiere des opérations auxquelles il devoit concourir.

Le Comte de Lally reproche au Comte d'Aché de l'avoir pressé de finir son siége, & de lui avoir écrit : *Tout ce que je trouve de terrible, c'est que nous ne puissions pas nous aider réciproquement.*

Oui, sans doute, le Comte d'Aché étoit peiné de voir que le Comte de Lally ne pouvoit pas lui donner les hommes dont il manquoit, & que, faute de ces hommes, il ne pouvoit aller, par la présence de son Escadre, hâter la reddition de Saint-David. C'est un crime aux yeux du Comte de Lally d'être Citoyen. Le Comte d'Aché sentoit qu'on ne pouvoit aller à Madras sans avoir pris Saint-David ; il sentoit que, tant que l'Escadre ne seroit pas embossée devant cette place, elle ne se rendroit pas, parce que les Assiégés conserveroient toujours l'espérance d'être secourus. Dans cet esprit, le Comte d'Aché pressoit tout le monde, le Conseil, le Comte de Lally de le mettre en état de reprendre la mer. M. de Leyrit, par sa Lettre N°. 11, marquoit au Comte d'Aché ; *mais comme ceux que vous demandez en hommes sont à la disposition de M. de Lally, il n'est pas au pouvoir du Conseil, à qui j'ai communiqué votre Lettre, de vous les fournir.* Le Comte de Lally, de son côté, marquoit au Comte d'Aché : *Je plains bien votre ſituation, mon cher Amiral, & c'eſt une triſte conſolation que de vous repréſenter la mienne...... Nous ſommes à plaindre l'un & l'autre ; je ne vois qu'un coup du Ciel qui puiſſe nous en tirer.* Le Comte d'Aché trouvoit terrible que le Comte de Lally ne pût pas l'aider d'hommes, & qu'il ne pût pas aider le Comte de Lally de ſes Vaiſſeaux. Ce ſentiment fait honneur au Comte d'Aché, & prouve la mauvaiſe volonté du Comte de Lally. Ceci ſe paſſe le 17 Mai, la Flotte Angloiſe paroît le 28 : le Comte de Lally donne 400 hommes de ſon armée; il pouvoit les donner de même le 17. Le Comte d'Aché ſentoit très-bien ce que le Comte de Lally étoit en état de faire; & c'eſt par égard pour ce Général qu'il ne s'eſt ſervi que de ces expreſſions dans cette Lettre, dont le Comte de Lally veut lui faire un crime.

Le 28 Mai les Anglois parurent. Leur préſence inſpira la crainte : on ſe détermina à donner des hommes au Comte d'Aché. Le Comte de Lally ſe rendit à Pondichery, y amena 400 hommes de l'Armée, qu'on répartit ſur l'Eſcadre. Muni de ce renfort, le Comte d'Aché appareilla. Le lendemain, les Anglois ne reparurent plus. Le Comte d'Aché remonta, le 2 Juin, ſous le Fort Saint-David, & ce Fort ſe rendit à l'arrivée de l'Eſcadre. Le Comte de Lally en convient dans ſa Lettre du 3, par laquelle il prie le Comte d'Aché de deſcendre à terre pour conférer avec lui ſur les operations ultérieures.

Le Comte d'Aché deſcendit au Fort Saint-David,

& y dîna avec le Comte de Lally. M. de Leyrit s'étoit rendu de Pondichery au Fort Saint-David. Ce Gouverneur étoit à la conférence des deux Généraux: il eſt mort ; le Comte d'Aché ne peut invoquer ſon témoignage, heureuſement celui du Comte de Lally lui reſte.

Le Comte de Lally dit, Mém. *in*-4°., qu'il propoſa au Comte d'Aché de ſe rendre avec lui à Pondichery, pour marcher conjointement à Madras ; que le Comte d'Aché, loin de conſentir à la propoſition, lui déclara que ſon parti étoit pris, de s'éloigner de Pondichery de 40 lieues dans le Sud.

Ce Général dit, dans ſon Mémoire *in-folio*, que le Comte d'Aché avoit pris le parti de s'éloigner de Pondichery de 60 lieues au vent dans le Sud, & cela le jour même de la priſe du Fort Saint-David.

Le Comte d'Aché demande au Comte de Lally, ſur lequel de ces deux expoſés il veut qu'il réponde. Le 2 Juin le Fort Saint-David s'eſt rendu ; c'eſt donc, ſuivant le dernier expoſé, le 2 Juin que le Comte d'Aché eſt parti de Pondichery pour s'en éloigner de 60 lieues dans le Sud. Mais ſi cela eſt, comment le Comte d'Aché a-t-il pu, le 4 Juin, déclarer au Comte de Lally, dans le Fort Saint-David, qu'il avoit pris le parti de s'éloigner de Pondichery dans le Sud. Cela implique une contradiction trop groſſiere pour qu'elle ait échappé au Comte de Lally. Le Comte d'Aché, n'a pas beſoin d'examiner ces deux expoſés avec la derniere rigueur, pour prouver que l'un détruiſant l'autre, l'imputation eſt néceſſairement calomnieuſe. Plus indulgent pour le Comte de Lally, il n'adopte que l'expoſé du Mémoire *in*-4°. qui eſt le mieux ajuſté aux circonſtances, & celui qui s'éloigne le moins de la vérité.

Le Comte de Lally, en avançant ce fait, ne s'eſt pas rappellé ſans doute l'expoſé qu'il a fait au Conſeil de Pondichery le 13 Juin. C'eſt le Comte de Lally qui va juſtifier lui-même le Comte d'Aché par cette pièce qu'il deſtinoit alors à lui ſervir de preuve contre ce Chef d'Eſcadre. La voici.

» Je vous ai convoqué, Meſſieurs, pour vous » faire part du parti que vient de prendre M. le » Comte d'Aché d'aller croiſer à Trinquemalé, *&* » *ſans me l'avoir communiqué*, & de la poſition où » ſe trouve l'Armée du Roi, affoiblie par les 400 » hommes que j'ai été obligé de fournir à ſa Flotte, » de votre conſentement, & pour demander en mê- » me-tems votre avis ſur le parti qu'il convient de » prendre dans les circonſtances préſentes. Vous » ſçavez que les ennemis ont abandonné les places & » poſtes qu'ils occupoient dans l'eſpace de 20 lieues » qui ſont entre nous & Madras, tels que *Karan-* » *gouly*, *Chinguelpe*, *Canjivaron*, *Coblocu*, *Ar-* » *cate & Cabripatnan*, & qu'ils ſe ſont renfermés » dans les murs de Madras; que leur Eſcadre s'eſt » retirée ſous ledit Madras: j'ai cru devoir pro- » fiter de leur premiere frayeur, en pouſſant en avant » des détachemens pour s'emparer des places qu'ils

» ont abandonnées & à demi démantelées, ainſi que » pour attacher le Tournon dans les Aldées qu'ils » nous ont abandonnées. Ces détachemens ſe trou- » vent aujourd'hui en l'air par le départ de l'Eſcadre » & à la veille d'être enlevés, ſi l'ennemi vient à ſça- » voir que notre Eſcadre eſt à 80 lieues d'ici.

» Je ſuis obligé de garder un corps de troupes » conſidérable dans le Fort Saint-David & Divi- » coté, qui ne ſont point encore démantelés, & qui » ne peuvent l'être de long-tems, & il ne me reſte » que 600 hommes pour la garde de Pondichery, » que vous ſçavez être ouvert & acceſſible de toutes » parts. Je crois qu'il conviendroit de faire revenir, » dans le moment, tous les détachemens que nous » avons dans les poſtes ennemis dont nous nous ſom- » mes emparés, &c. «

1°. Suivant cet expoſé, le Comte d'Aché eſt parti pour ſa croiſiere ſans l'avoir communiqué au Comte de Lally. Le Comte d'Aché n'a donc pas déclaré au Comte de Lally, le 4 Juin, dans le Fort Saint-David, qu'il avoit pris le parti de s'éloigner de Pondichery de 40 lieues dans le Sud. C'eſt ſans replique. Le Comte de Lally en a impoſé alors à cet égard au Conſeil de Pondichery, ou il veut en impoſer aujourd'hui au public, il faut qu'il choiſiſſe.

2°. C'eſt dans l'intention d'aller à Madras qu'il a aſſemblé le Conſeil. Examinons ſi ce qu'il dit, ce qu'il propoſe à ce Conſeil s'accorde avec cette intention. Le Comte de Lally dit, *les Anglois nous ont aban-*

donné les poſtes dans l'eſpace de vingt lieues de Pondichery à Madras : voilà l'indication la plus certaine que c'eſt le moment d'en faire le ſiége. *Les Anglois ſont renfermés dans Madras, leur Eſcadre eſt retirée ſous ſes murs.* Les ennemis ſe précautionnoient contre la ſeule opération que le Comte de Lally avoit à faire. *Il a cru devoir profiter de leur premiere frayeur en envoyant des détachemens pour s'emparer des poſtes qu'ils ont abandonnés.* Voilà l'opération commencée. Voilà la route aſſurée pour aller à Madras. Plus d'obſtacles à craindre l'eſpace de 20 lieues. Le Comte de Lally eſt maître de tous les poſtes. *Ces détachemens ſe trouvent aujourd'hui en l'air par le départ de l'Eſcadre.* Voilà le Comte de Lally qui commence à ſe démaſquer. La préſence ou l'abſence de l'Eſcadre eſt indifférente à la poſition de ces détachemens. Diſtribués en échelons, ils ſont en état de ſe ſecourir l'un l'autre, ſoit en ſe repliant, ſoit en avançant l'un ſur l'autre. *Je crois qu'il conviendroit de rappeller ces détachemens.* Le maſque tombe, le Comte de Lally ne vouloit pas aller à Madras. En retirant ces détachemens des poſtes qu'ils occupoient, c'étoit les remettre au pouvoir de l'ennemi. C'étoit détruire des opérations complètes, indiſpenſablement néceſſaires pour préparer le ſiége de Madras. C'étoit ſe refermer 20 lieues de route que la frayeur des ennemis nous avoit ouvertes. Le Comte de Lally n'a pû ſe cacher ſes vérités. Cependant il aſſemble le Conſeil, ſur le refus, dit-il, qu'a fait le Comte d'Aché de concourir avec lui

lui au siége de Madras, s'il avoit eu vraiment la volonté d'aller à Madras. Qu'auroit-il dit, qu'auroit-il demandé au Conseil ? Il auroit d'abord exposé ses vues, la proposition qu'il avoit faite au Comte d'Aché au Fort Saint-David, le 4 Juin, les offres qu'il lui avoit faites de lui donner des troupes ; il se fût plaint du refus de ce Chef d'Escadre, de la déclaration qu'il lui avoit faite du parti qu'il avoit pris de s'éloigner de Pondichery de 40 lieues dans le Sud. Le Comte de Lally garde le plus profond silence sur un fait aussi important, dont il a un témoin dans ce Conseil, M. de Leyrit qui étoit à la conférence. Le Comte de Lally ne vouloit donc pas aller à Madras. L'opération qu'il substitue au Siége de cette Place en va fournir la preuve*.

Le 13 Juin le Conseil délibére conformément à la proposition du Comte de Lally. On arrête que tous les détachemens qui occupent ces postes abandonnés par les Anglois, seront relevés, & le Comte d'Aché est sommé de se rendre à Pondichery. Le 14 on releve tous ces détachemens. Rassemblés pour former un corps de troupes pour la garde de Pondichery, on les en fait partir, on les porte sur la route de Tan-

* Le Comte de Lally apprend au Comte d'Aché, par la note N°. 2, page 333 de son Mémoire in-4°., qu'après les refus du Comte d'Aché de le seconder dans le siége de Madras, il s'étoit porté dans le Tanjaour; qu'il l'a dit dans un exposé au Conseil le 4 Novembre 1758. Il est aisé de voir que c'est une fable trouvée par le Comte de Lally, pour justifier son expédition du Tanjaour. Ce qu'il a fait le 4 Novembre en l'absence du Comte d'Aché, il l'eût fait le 13 Juin. C'étoit le moment. Le Comte de Lally n'est pas homme à le laisser échapper.

jaour. De ſorte que le Comte de Lally, dans l'intention d'aller à Madras, aſſemble le Conſeil pour forcer le Comte d'Aché de recourir à cette expédition; il n'en eſt point du tout queſtion, au contraire, le Comte de Lally fait prendre une délibération qui détermine une opération oppoſée à celle qui a fait le motif de l'Aſſemblée du Conſeil; & ce Général, d'après cette délibération, fait une opération qui ne peut que l'éloigner ſans retour, peut-être du moins pour cette mouſſon, de celle qu'il dit aujourd'hui qu'il avoit en vue.

Madras eſt à 35 lieues de Pondichery dans le nord, & le Tanjaour en eſt à 55 dans le ſud; il y a donc 90 lieues de diſtance de Madras à Tanjaour. Exporter l'armée ſi loin des Comptoirs des Anglois, c'étoit vouloir leur donner le tems de revenir *de leur premiere frayeur*, les raſſurer ſur leurs poſſeſſions, leur faciliter les moyens de ſe précautionner pour leur défenſe, ceux même de venir faire des entrepriſes ſur nos établiſſemens, ou d'attaquer l'Eſcadre. Rien n'arrête le Comte de Lally qui vouloit, à ce qu'il dit, aller à Madras. L'armée part pour le Tanjaour.

Le 17 le Comte d'Aché revint à Pondichery ſur la ſommation du Conſeil. Le 18 au matin il deſcend à terre pour voir le Comte de Lally, qui affirme que le même jour il a propoſé au Chef d'Eſcadre d'aller à Madras, & qu'il perſiſta dans ſon refus. Le Comte d'Aché trouve à la porte du Comte de Lally une caleche attelée de ſix chevaux. Il monte chez le Comte de Lally. Ce Général ſe donne à peine le tems d'embraſſer le Comte d'Aché, deſcend, monte dans cette caleche, & part tout de ſuite pour aller joindre ſon armée déjà en route pour le Tanjaour. Ce fait ſera certifié par tout Pondichery. Le Comte d'Aché ne craint point d'être démenti.

Le Comte d'Aché compte avoir prouvé, avec la plus grande évidence, par l'expoſé du Comte de Lally au Conſeil du 13 Juin, par l'opération qu'il propoſe au Conſeil, & par celle qu'il ſubſtitue à celle qui a été arrêtée, que le Comte de Lally ne vouloit pas aller à Madras. Il en réſulte, par une conſéquence naturelle, qu'il n'a propoſé au Comte d'Aché ni le 4 ni le 18 Juin de concourir avec lui à cette expédition.

Le Comte de Lally eſpère prévenir par la fable qu'il débite, l'imputation qu'on peut & doit lui faire, relativement à l'expédition de Tanjaour. Qu'il ne s'en flatte pas. Tout l'Inde date ſes malheurs de cette époque. Le Comte de Lally croit ſe juſtifier de n'avoir pas fait le ſiége de Madras dans le tems qu'il le devoit faire, en diſant, *je l'ai propoſé au Comte d'Aché. Il a refuſé d'y concourir.* Il ſe trompe. Le Public équitable ne croira une telle allégation que ſur des preuves. Le Comte de Lally n'en rapporte aucune. Le Comte d'Aché, au contreire prouve au Comte de Lally par ſon propre fait, qu'il ne ſongeoit point à cette opération; qu'au moment où la frayeur des Anglois lui en avoit facilité le commencement, le Comte de Lally y a volontairement renoncé, & a préféré l'expédition du Tanjaour.

Tout Pondichery eſt témoin qu'au retour du Comte de Lally dans cette Ville, on lui propoſa d'aller à Madras. Il le refuſa, ſous prétexte que l'on n'avoit pas aſſez d'argent. Le Roi de Tanjaour en devoit à la Compagnie, & c'étoit le produit de cette dette qu'il vouloit employer au ſiége de Madras. Il vouloit donc aller au Tanjaour avant d'aller à Madras. Si l'Armée entiere eût marché ſur Madras, Pondichery n'avoit rien à craindre d'un Ennemi qui trembloit pour ſes propres foyers. L'Eſcadre étoit inutile pour la garde de Pondichery. Son retour provoqué par le Comte de Lally eſt donc encore une preuve que le Comte de Lally ne vouloit pas aller à Madras, & qu'au contraire il étoit décidé d'aller au Tanjaour.

Le Comte d'Aché a vraiment propoſé au Comte de Lally, le 4 Juin, au Fort St. David, d'aller à Madras. Ce Général l'a refuſé, parce qu'il n'y avoit pas, diſoit-il, à Pondichery aſſez de munitions de guerre, ni d'argent. Ce refus détermina le Comte d'Aché à aller à Negapatan. On l'avoit aſſuré qu'il y avoit un Vaiſſeau Anglois à deux batteries. Il ne s'y trouva que trois Vaiſſeaux de charge Hollandois. Le Comte d'Aché ſe voyant inutile aux opérations du Comte de Lally, aſſembla le 9 ſon Conſeil de marine pour examiner celles que l'Eſcadre pourroit faire. On arrêta de croiſer juſqu'au 24. Cette croiſiere ne pouvoit nuire à l'exécution des projets du Comte de Lally, s'ils avoient été d'aller à Madras.

Le Comte d'Aché ne peut apporter de preuves écrites de la propoſition qu'il fit au Comte de Lally.

Mais le Comte de Genlis a dépoſé qu'après la priſe du Fort St. David, toute l'Eſcadre comptoit aller à Madras. Il avoit même été fait des diſpoſitions à cet égard. Ce Colonel, alors Enſeigne de Vaiſſeau, devoit avoir le commandement de pluſieurs Chaloupes & Chelingues deſtinées à brûler les Vaiſſeaux Anglois dans la rade de Madras. C'étoit cet Officier qui en avoit donné le projet.

Une réflexion ſimple peut démontrer la vérité de ce que dit le Comte d'Aché. Il n'y avoit plus à la Côte de Coromandel que l'expédition de Madras pour ce Chef d'Eſcadre ; ſon intérêt perſonnel, & les beſoins de l'Eſcadre le portoient à la deſirer. Il y avoit tout lieu de croire que cette Ville ſeroit promptement enlevée. Le Comte de Lally dit, pag. 59 de ſon Mémoire in-4°. « nos premiers ſuccès faiſoient reſpecter le nom François dans l'Inde, étendoient la gloire de nos armes, inſpiroient aux troupes cette confiance qui prépare la victoire, & qui en eſt preſque toujours ſuivie ». L'Anglois étonné de la priſe du Fort St. David, le Berg-op-zoom de l'Inde, n'eût pas tenu contre l'ardeur du ſoldat François vainqueur. Il auroit fallu que les Anglois diminuaſſent les forces de la Garniſon, s'ils avoient voulu armer l'Eſcadre pour l'envoyer au-devant du Comte d'Aché ; pour lors le Comte de Lally auroit trouvé moins de réſiſtance & plus de facilité pour ſe rendre maître de la Place. Si au contraire les Anglois avoient déſarmé les Vaiſſeaux pour renforcer la Garniſon, le

Comte d'Aché auroit mis à terre la moitié de ses Equipages pour augmenter le nombre des Assiégeans, & Madras eût été infailliblement pris.

L'Escadre du Comte d'Aché manquoit d'hommes, de vivres & d'agrès. Madras pris, ce Chef d'Escadre n'avoit plus d'ennemis à combattre, il avoit assez d'hommes pour remener son Escadre aux Isles ; toute la Côte de Coromandel, les Nations Européennes qui l'habitent, auroient apporté aux François vainqueurs les vivres qu'ils prodiguoient aux Anglois ; les magasins de Madras abondamment pourvus, auroient fourni au Comte d'Aché les agrès dont il manquoit. En falloit-il davantage pour porter ce Chef d'Escadre à desirer la conquête de Madras ? Madras pris, le Comte d'Aché auroit fait la campagne la plus brillante & la plus glorieuse. Ce Chef d'Escadre seroit repassé en Europe couvert de lauriers, & sûr des bontés de son Maître, le seul objet de son ambition. Le Comte de Lally n'a que trop senti ce que cette conquête pouvoit procurer d'avantageux au Comte d'Aché ; la crainte de partager avec ce Chef d'Escadre des lauriers que le Comte de Lally vouloit recueillir seul, lui a fait préférer au siége de Madras, l'expédition du Tanjaour.

Si les vraisemblances peuvent, au défaut de preuves suffisantes, amener à découvrir la vérité, on ne doutera point que le Comte d'Aché n'ait proposé au Comte de Lally d'aller à Madras. Elles se réunissent toutes en faveur de ce Chef d'Escadre. Il suffit au

Comte d'Aché, pour ſa juſtification, d'avoir prouvé que le Comte de Lally n'avoit pas voulu aller à Madras. Il ſe flatte d'avoir mis cette vérité dans tout ſon jour. Il a prouvé, par une conſéquence naturelle, que le Comte de Lally ne lui a propoſé, ni le 4, ni le 18 Juin, de concourir au ſiége de cette Place.

Le Comte de Lally n'a pas plus propoſé au Comte d'Aché d'aller à Madras, dans la Lettre qu'il a chargé le Comte d'Eſtaing de lui remettre ; il lui propoſe ſeulement d'aller chercher l'ennemi. Il n'eſt queſtion que de cette opération dans la Lettre du Comte de Lally à M. de Leyrit, datée du même jour, & que le Comte d'Eſtaing fut également chargé de remettre à ce Gouverneur.

Pour bien connoître le Comte de Lally, ſes inconſéquences, ſes contrariétés, il ne faut que lire les deux Lettres dont le Comte d'Eſtaing étoit porteur. Celle adreſſée au Comte d'Aché commençoit par un compliment ſur le dernier combat, & finiſſoit ainſi. « Je dépêche M. le Comte d'Eſtaing à Pondichery, » pour concerter ce qui nous reſte à faire conjointe- » ment dans la circonſtance préſente, vu le peu de » tems qui nous reſte d'ici au changement de Mouſ- » ſon, & je m'en rapporte à ce dont vous convien- » drez enſemble ».

On liſoit dans celle adreſſée à M. de Leyrit ; « Quoiqu'il en ſoit, aux grands maux les grands re- » medes, & il nous reſte un coup de vigueur à fai- » re, ſur lequel je dépêche M. le Comte d'Eſtaing ».

« Il s'agit de déterminer le Comte d'Aché à pren-
» dre dans mon armée le nombre d'Officiers & Sol-
» dats dont il aura besoin, & de marcher à l'ennemi,
» pendant qu'avec le reste je me porterai au-delà
» d'Alemparvé, & sur la route de Madras, pour
» empêcher l'ennemi de mettre du monde à bord de
» ses Vaisseaux, & que je pousserai même un corps
» au-delà de Gingy pour lui donner de la jalousie sur
» Arcate. Si cette manœuvre réussit, nous serons
» maîtres de Madras en quinze jours. Si M. le Comte
» d'Aché refuse, cette Lettre sera mon protêt, que
» vous joindrez à celui du Conseil, en suivant les
» intentions de la Cour, qui sont que M. le Comte
» d'Aché ne remenera avec lui à l'Isle de France que
» les Vaisseaux que la Compagnie jugera à propos ».

On voit clairement que dans ces Lettres, le Comte de Lally ne propose au Comte d'Aché que d'aller chercher l'Ennemi.

La duplicité fut-elle jamais plus marquée & plus mal-adroite? Dans la premiere Lettre, c'est un Général sage & prudent; *j'envoye M. le Comte d'Estaing pour concerter ce qui nous reste à faire, vû le peu de tems qui nous reste d'ici au changement de Mousson.* Le Comte de Lally paroît sentir que ce court espace peut ne pas permettre à l'Escadre d'entreprendre ce que les circonstances exigeroient; le Comte de Lally prévoit qu'il peut être encore d'autres causes qui y mettent obstacle. Il annonce qu'il s'en rapporte à ce qui sera convenu entre les Comtes d'Aché & d'Estaing.

Dans

Dans la ſeconde Lettre, c'eſt un Maître qui prononce. *Aux grands maux les grands remedes.* Le Comte de Lally ſentoit donc les *grands maux* qui réſultoient de ſon expédition du Tanjaour. Il preſcrit l'opétation. *Si le Comte d'Aché s'y refuſe, cette Lettre*, dit-il, *ſera mon protêt, que vous joindrez à celui du Conſeil.* Voilà un ordre précis de joindre un protêt au ſien ; protêt qu'il fait d'avance, dans l'incertitude où il eſt des ſuites du dernier combat, de la poſition de l'Eſcadre. C'eſt uſer de trop de précautions.

Ce protêt & l'ordre précis au Conſeil d'y joindre le ſien, démontrent les vues du Comte de Lally. Il ſavoit le mauvais état de l'Eſcadre, il étoit aſſuré qu'il étoit impoſſible au Comte d'Aché d'aller tenter un troiſiéme combat ; il prévoyoit ſon refus. Il comptoit pouvoir dire un jour, *j'ai voulu aller à Madras, le Comte d'Aché ne l'a pas voulu ; voilà le protêt du Conſeil & le mien qui en font foi.* Mais ſon protêt reſté ſeul n'eſt qu'une piéce de plus que le Comte de Lally adminiſtre contre lui-même.

Le Comte d'Aché, dont la prudence régloit toutes les démarches, ſe conduit bien différemment. Sur la propoſition du Comte de Lally, ce Chef d'Eſcadre aſſemble ſon Conſeil de marine. Tous les opinans conviennent non-ſeulement de l'impoſſibilité où eſt l'Eſcadre de livrer un troiſiéme combat, mais encore de l'indiſpenſable néceſſité de remener, & promptement, les Vaiſſeaux de l'Eſcadre à l'Iſle de France pour les réparer. On a vu leurs avis N°. 29. Le Comte d'Aché écrit en conſéquence au Conſeil de Pondichery. Les détails de cette Lettre paroiſſent ſi convaincans au Conſeil, qu'il ne défere point à l'ordre du Comte de Lally. M. de Leyrit lui écrit au contraire le 18 Août 1758 : « Vous verrez, Monſieur, » par cette réponſe le refus poſitif que M. le Comte » d'Aché fait de marcher à l'ennemi, & les raiſons » qu'il en rapporte. Comme elles ont paru au Con- » ſeil conformes à la véritable ſituation de ſon Eſca- » dre, & à la nôtre à ſon égard, le Conſeil a jugé à » propos de différer le protêt que vous voulez faire » contre lui, juſqu'à de nouveaux ordres de votre » part. Lorſque vous ſerez inſtruit de l'état où le der- » nier combat a réduit ſes Vaiſſeaux, & de l'impoſ- » ſibilité où nous ſerions ici de lui fournir de quoi les » remettre en état de reprendre la mer après un troi- » ſiéme combat, s'il n'étoit pas plus déciſif que les » deux premiers, comme il y auroit tout lieu de le » craindre ».

C'eſt le Comte de Lally qui a fourni au Comte d'Aché cette pièce qu'il ne connoiſſoit pas, & qui juſtifie la conduite de ce Chef d'Eſcadre.

Un fait va beaucoup étonner. Le 30, le Comte de Lally aſſemble un Conſeil général pour faire décider ſi on laiſſeroit partir l'Eſcadre ou ſi on l'obligeroit de reſter. Ni le Comte de Lally, ni aucun des opinans ne parlent dans leurs avis, N°. 34, de faire reſſortir l'Eſcadre. Le Comte de Lally ne parla pas davantage de ſon protêt. Comment peut-il prétendre d'en tirer avantage aujourd'hui ?

§. II. *Combat & départ de l'Escadre pour les Isles.*

Le Comte d'Aché dit, dans son Mémoire, que le 2 Août 1758 il apprit à Karikal que le Comte de Lally étoit battu au Tanjaour, & que les Anglois avoient à bord des troupes, que leur projet étoit de débarquer pour couper au Comte de Lally la retraite à Pondichery. Cette nouvelle détermina ce Chef d'Escadre à attaquer l'Escadre Angloise. Le 3, il lui livra combat. Le Comte de Lally dans ses réponses à cet article, a dit; 1°. que le Comte d'Aché s'étoit battu le 2; 2°. que l'assaut où il avoit perdu beaucoup de monde ne s'étoit donné que le 3, & que par conséquent le Comte d'Aché n'avoit pu l'apprendre le 2.

Le 15 Août, le Comte de Lally écrit à M. de Leyrit, & produit cette Lettre N°. 41. (Mémoire in-4°.) « Je ne me suis pas pressé, Monsieur, de vous » mander ma retraite de devant Tanjaour, parce » que je vous l'avois déja annoncée par ma Lettre du » 21 du mois passé ».

Dès le 21 Juillet, des événemens malheureux avoient convaincu le Comte de Lally de la nécessité de lever le siége de Tanjaour. Ces événemens ne s'étoient pas passés sous les yeux du Comte de Lally seul; ils avoient eu d'autres témoins que lui. Est-il étonnant que les Anglois qui avoient cent cinquante hommes dans la Ville de Tanjaour, en fussent instruits. Karikal est à trente lieues de Pondichery; ce Comptoir n'eſt éloigné de Tanjaour que de vingt-cinq; il eſt ſur la route de Pondichery au Tanjaour. On ſavoit le 24 ou 25 Juillet à Pondichery, par le Comte de Lally lui-même, ces malheureux événemens. Sera-t-on, après cela, ſurpris que le Comte d'Aché ait appris le 2 Août à Karikal, que le Comte de Lally étoit battu au Tanjaour? Aura-t-on de la peine à croire que les Anglois euſſent formé le projet de débarquer des troupes, ſoit au-deſſus, ſoit au-deſſous de Karikal, pour couper au Comte de Lally la retraite à Pondichery? On peut avoir à Karikal groſſi les objets, & ce ne ſeroit pas la premiere fois que le Comte d'Aché auroit reçu de fauſſes nouvelles de ce Comptoir. Le Comte de Lally oublie que c'eſt lui-même qui a mis le Comte d'Aché dans le cas de ne pas douter des nouvelles qu'on lui donnoit. Le 21 Juillet, le Comte de Lally avoit écrit au Comte d'Aché les mêmes choſes qu'à M. de Leyrit. Sa Lettre eſt dépoſée au Greffe de la Cour. Ces nouvelles étoient analogues à celles que le Comte de Lally avoit donné lui-même au Comte d'Aché. Elles en paroiſſoient une ſuite naturelle. C'eſt le Comte de Lally qui fournit lui-même la preuve de la vérité de la réponſe du Comte d'Aché, qu'il veut détruire.

Le Comte de Lally ne la veut détruire, cette vérité, que pour juſtifier les motifs de l'arrêté du Conſeil de Guerre qui a précédé la levée du ſiége de Tanjaour. La mauvaiſe poſition de l'Armée, le manque de vivres & de munitions de Guerre, le défaut de précautions pour une expédition auſſi importante, mettoient depuis long-tems le Comte de Lally dans le cas d'y renoncer. Ce Lieutenant Général ſentoit bien qu'en l'abandonnant il s'expoſoit à des reproches auſſi vifs que fondés. Dans cette poſition embarraſſante on apprend que le Comte d'Aché a eſſuyé un combat très-vif, après lequel les deux Eſcadres ſe ſont ſéparées ſans aucune perte de part & d'autre. On ſaiſit avidement l'occaſion. Cet événement paroît un prétexte heureux. La mauvaiſe iſſue du combat, l'incertitude de la poſition de l'Eſcadre, donnent lieu de craindre pour Karikal & pour Pondichery. Il eſt néceſſaire d'y reporter l'Armée: d'après cela on arrête de lever le ſiége de Tanjaour. * Ce fait prouve clairement que dans cette Campagne on a toujours tout rejetté ſur l'Eſcadre; on lui a conſtamment refuſé les choſes néceſſaires, on ne lui a accordé des ſecours qu'au moment où l'Ennemi paroiſſoit: malgré cela dans toutes les occaſions on a eu l'injuſtice de la rendre reſponſable des événemens fâcheux, même de ceux arrivés à l'Armée de terre auxquels elle ne pouvoit contribuer.

* Une choſe ſinguliere. Le 8 Août, la mauvaiſe iſſue du combat du Comte d'Aché oblige de lever le ſiége du Tanjaour, & le 15 du même mois, le Comte de Lally écrit au Comte d'Aché. » Faut-il donc, mon » cher Amiral que quelque nouveau malheur tempére toujours la joie » que j'ai reſſentie en apprenant par la bouche des Ennemis même la » valeur avec laquelle vous avez attaqué l'Eſcadre Angloiſe le 3 de ce » mois. La bleſſure du pauvre Senneville me porte au cœur. Le mouvement de tendreſſe qu'inſpire au Comte de Lally la bleſſure de M. de Senneville, neveu du Comte d'Aché, annonce la ſenſibilité du cœur de M. de Lally; les calomnies dont le Comte de Lally accable aujourd'hui le Comte d'Aché en démontrent la vérité & la bonté.

Depuis le premier combat les Vaiſſeaux de l'Eſcadre n'avoient point été réparés. Celui qu'ils venoient d'eſſuyer les avoit mis dans un état qui rendoit leur départ néceſſaire. Tous les Capitaines avoient donné leurs avis motivés au Comte d'Aché. Ce Chef d'Eſcadre les avoit donnés au Conſeil de Pondichery. Le Comte de Lally revient à Pondichery. Le 30 Mai il aſſemble un Conſeil général pour faire décider ſi on laiſſera partir l'Eſcadre, ou ſi on la forcera de reſter.

Les inſtructions du Comte d'Aché portoient qu'il reſteroit à la Côte de Coromandel juſqu'au 15 Octobre, le Conſeil arrêta qu'il y reſteroit juſqu'au 15 ou 20 de Septembre. Le Comte de Lally avoit un double des inſtructions du Comte d'Aché. Le conſentement que le Conſeil général donne au départ du Comte d'Aché au 15 ou 20 de Septembre, un mois auparavant le terme fixé par les ordres du Roi, eſt une preuve ſans réplique du mauvais état de l'Eſcadre. Ce fut ce même état qui engagea le Comte d'Aché à ne pas déférer à l'arrêté de ce Conſeil, & à ſe conformer à un autre article de ſes inſtructions qui diſpenſoit ce Chef d'Eſcadre d'exécuter ce qui ſeroit preſcrit par les délibérations de ce Conſeil, lorſqu'il y auroit trop de riſques pour les Vaiſſeaux de Sa Majeſté. Le Roi s'exprime ainſi. » Il eſt néanmoins » un cas où le ſieur Comte d'Aché pourra ſe diſpen- » ſer de ſuivre le réſultat de ce Conſeil, qui ſeroit » celui où il penſeroit ainſi que les Officiers de la » Marine préſens au Conſeil, qu'il y auroit trop de

» risques pour les Vaisseaux de Sa Majesté, de les » employer à l'opération projettée ; mais alors le » sieur Comte d'Aché & les autres Officiers de la » Marine, remettroient ensemble au Conseil un mé» moire par écrit qu'ils signeroient, où toutes les rai» sons seroient expliquées.

Le Comte d'Aché & tous les Officiers de la Marine ont représenté dans le Conseil mixte, le danger que l'Escadre couroit en restant dans la rade de Pondichery. Sortans de ce Conseil, assemblés à bord du *Zodiaque*, ils ont persisté dans leur avis. Ils ont écrit & signé la lettre N°. 33, adressée au Conseil de Pondichery, dans laquelle ils détaillent les motifs du départ de l'Escadre, dont ils déclarent avoir pesé les inconvéniens pour les Possessions de la Compagnie. Le Comte d'Aché a rempli les instructions : comment le Comte de Lally peut-il aujourd'hui lui faire un crime de son départ. Le Comte de Lally dit lui-même, page 29 de son Mémoire in 4°. » Il avoit droit » de s'opposer aux opérations mixtes qui seroient » proposées par le Comte de Lally, quand même » elles seroient arrêtées par une délibération du Con» seil de Pondichery. C'est, pag. 29, qu'il fait cet aveu, & pag. 87, il improuve son départ. Quelle inconséquence ! Le Conseil qui blâma, à ce que dit le Comte de Lally, alors hautement le départ du Comte d'Aché, ne s'en plaint pas aujourd'hui. Le Comte de Lally voudroit apparemment que tout le monde se réunît à lui pour faire de fausses imputations à ce Chef d'Escadre.

Le Conſeil de Pondichery n'a porté aucune plainte ſur le départ du Comte d'Aché ; en voici les motifs. Les Vaiſſeaux de l'Eſcadre avoient beſoin de radoubs conſidérables, qu'on ne pouvoit faire qu'à l'Iſle de France. Il étoit inſtant de le faire. Il falloit donc que l'Eſcadre partît promptement. Le départ de l'Eſcadre Angloiſe, qui a ſuivi de près celui du Comte d'Aché, a convaincu ce Conſeil que la nôtre ſeroit reſtée inutilement à la côte de Coromandel. Les vivres qu'il falloit diſtribuer journellement aux équipages, diminuoient ce qu'il y en avoit dans les Magaſins, & on craignoit de ne point en avoir aſſez pour la ſubſiſtance de l'Armée qui devoit paſſer l'hyvernage à Pondichery. Enfin, les cinq cens hommes de Marine laiſſés par le Comte d'Aché à Pondichery, donnoient une ſupériorité décidée à notre Armée ſur celle des Anglois. Le Conſeil de Pondichery, tranquille pour les Poſſeſſions de la Compagnie, ne s'eſt plaint alors, & ne ſe plaint aujourd'hui que des malheureuſes circonſtances qui ont néceſſité le départ de ce Chef d'Eſcadre. Le Comte de Lally auroit la même façon de penſer que ce Conſeil, s'il avoit la même équité.

CHAPITRE III.

CHAPITRE III.

§. I. *Retour à l'Isle de France, & jonction avec M. de l'Eguille.* §. II. *Retenue d'un million par le Comte d'Aché, & emploi de partie de ce million en Diamans.* §. III. *Troisieme Combat. Départ de l'Escadre. Protêt national.* §. IV. *Note sur un combat que le Comte d'Aché n'a pas voulu livrer à l'Escadre Angloise.*

IMPUTATION.

Le Comte de Lally dit *page 106 de son Mémoire in 4°.*: telle étoit notre situation au 24 Décembre, lorsqu'on reçut de Pondichery la nouvelle que la Fregate y avoit débarquée le 21, & qu'on y avoit reçu un million; voici d'où procédoit ce secours. Le Chevalier de l'Eguille qui apportoit d'Europe deux millions, avoit débarqué à l'Isle de France, où on a dit que le Comte d'Aché étoit retourné, après avoir abandonné la côte de Coromandel. Ce Chef d'Escadre retint à l'Isle de France pendant dix mois, le Chevalier de l'Eguille qui se disposoit à faire voile vers Pondi-

REPONSE.

§. I. *Retour à l'Isle de France; jonction avec M. de l'Eguille.*

Ces deux exposés ne peuvent pas être regardés comme des imputations. Ils forment deux accusations très-graves contre le Comte d'Aché. Si l'on en croit le Comte de Lally, il a retenu dix mois à l'Isle de France, le Chevalier de l'Eguille qui se disposoit à faire voile vers Pondichery, a & par là empêché la

chery, pour nous remettre les deux millions, & il jugea à propos de ne nous en faire passer qu'un. On expliquera dans la suite l'emploi qui a été fait de l'autre.

Page 128 ibid. L'Escadre, dont le retour étoit si vivement desiré, parut enfin à la Côte le 10 Septembre 1759. Le Comte d'Aché y essuya un combat, dont le succès ne fut pas avantageux. Il vint mouiller à Pondichery le 16 Septembre 1759; mais il déclara par écrit N°. 56, au Général, qu'il étoit déterminé à repartir pour les Isles; il lui ajouta qu'il alloit déposer à terre 380000 liv. en Piastres, & environ pour 400000 liv. en Diamans, le tout pour solde du million qui nous étoit destiné, & qu'il avoit jugé à propos de retenir un an auparavant.

Cette conversion d'une partie du million en diamans, nous portoit un très-grand préjudice. Comment prétendoit-on représenter dans la caisse de Pondichery avec des diamans évalués 400000 liv. une somme de 620000 liv. qui devoit y être déposée pour restant d'un million? On n'avoit pû convertir en diamans prise de Madras. Il a retenu un million de deux que la Compagnie envoyoit à Pondichery. Il en a converti une partie en diamans qu'il a remis pour solde à la caisse de ce Comptoir, & par cette négociation, a causé un préjudice considérable à la Compagnie.

Si le Comte d'Aché est coupable de ces deux faits, il doit éprouver toute la rigueur de la Justice. Les châtimens les plus séveres doivent être son partage. Mais aussi si le Comte d'Aché prouve toute la noirceur & la fausseté de cette accusation, la Justice ne peut refuser de s'armer de toute sa rigueur, pour punir l'accusateur, & venger l'honneur outragé du Comte d'Aché. L'honneur fut en naissant le seul appanage de ce Chef d'Escadre; c'est le seul bien qui lui reste. Il ne doute

l'argent qui nous étoit destiné, sans occasionner par cette négociation une perte considérable à la Compagnie.

Le Comte de Lally dit, *page 8 de son Mémoire in-folio* : M. de l'Eguille, Chef d'Escadre, étoit arrivé à l'Isle de France avec quatre Vaisseaux du Roi & trois millions destinés pour Pondichery. Il étoit prêt à partir pour la Côte de l'Inde, quand le Comte d'Aché rentre avec son Escadre dans l'Isle de France & le retient.

Même page : Le Comte d'Aché, après avoir retenu ainsi M. de l'Eguille, *prend encore sur lui* de n'envoyer à Pondichery qu'un million par une petite Frégate qui y mouille le 21 Décembre 1758.

Pages 10 & 11, ibid, le Comte d'Aché après environ 13 mois d'absence, paroît enfin dans la rade de Pondichery le 17 Novembre 1759; il venoit d'essuyer un troisiéme combat en se montrant à la côte où il avoit encore eu le désavantage.

Il écrit au Comte de Lally en mouillant dans la rade ce même jour 17, qu'il vouloit bien lui céder quelqu'argent qu'il avoit dans ses Vaisseaux, point que ses Juges ne le lui conservent.

On a vu dans le Mémoire du Comte d'Aché, que lors de sa relâche à Brest, le Roi donna une autre destination aux Vaisseaux le *Superbe* & le *Belliqueux*. On avoit promis à ce Chef d'Escadre de les remplacer. Les trois Vaisseaux que commandoit le Chevalier de l'Eguille, avoient été en conséquence envoyés dans l'Inde. Les instructions du Chevalier de l'Eguille portoient qu'il se joindroit au Comte d'Aché le plutôt qu'il le pourroit; les voici littéralement : » Sa Majesté ne présume pas que le sieur Froger de l'Eguille trouve » le sieur Comte d'Aché à » l'Isle de France, soit qu'il » n'en fût pas encore parti, » ou qu'il y fût revenu, » après avoir été dans l'Inde. Si le cas néanmoins

ainsi que quelques hommes; mais que l'on n'eût pas à exiger de lui autre chose, & qu'il passoit le lendemain pour les Isles, bien fâché de ne pouvoir pas même s'aboucher avec lui.

Or cet argent que le Comte d'Aché vouloit bien céder, consistoit en une somme de 400 & quelque mille livres en piastres, & en pareille valeur à peu près en diamans, provenante d'une prise, & qu'*heureusement* les Anglois ont racheté trois mois après au prix de la premiere facture. Cette somme étoit en déduction des 2 millions retenus l'année précédente aux Isles, & dont un seul alors eût suffi pour prendre Madras.

Même page. Cette annonce inattendue de la part du Comte d'Aché jette la consternation dans toute la Colonie. Le Comte de Lally qui n'étoit pas encore en état de se traîner, dépêche à son bord tous les Officiers principaux, & jusqu'à l'Aumonier de son Régiment, dans la sainteté duquel le Comte d'Aché avoit une confiance singuliere, pour tâcher de suspendre l'effet d'une si funeste résolution. Rien ne peut l'ébranler. Le

» étoit tel, le sieur Froger » de l'Eguille & les Com» mandans des autres Vais» seaux qui sont avec lui, » se mettroient sous les or» dres du sieur Comte d'A» ché, pour agir ensemble » ou séparément, suivant » qu'il le jugera nécessaire. Et plus loin :

» Quoiqu'il en soit, le » sieur Froger de l'Eguille » ne doit rester à l'Isle de » France, & ensuite à Ma» dagascar, qu'autant de » tems qu'il lui sera absolu» ment indispensable pour » réparer les trois Vais» seaux de Sa Majesté, & » en rafraîchir les équipa» ges, son objet devant » être d'en partir ensuite le » plutôt qu'il lui sera possi» ble, soit avec les trois » Vaisseaux seulement, » soit en emmenant les » Vaisseaux de la Compa» gnie qui seront prêts à le » suivre, pour se rendre à

ſieur de Leyrit aſſemble le Conſeil, le Pere Lavaur y dreſſe la minute d'une lettre raiſonnée & pathétique que le Conſeil ſigne; on l'envoye au Comte d'Aché; enfin ſur ſon refus le ſieur de Leyrit raſſemble le Conſeil & toute la Nation, qui ſignent unanimement une proteſtation contre ce départ ſubit du Comte d'Aché, le rendant ſeul reſponſable de la perte de Pondichery, avec menace d'en demander juſtice au Roi.

Le Comte de Lally met *au bas de la page 133 une note portant :* On a dit que le 22 Septembre le Comte d'Aché étoit revenu à Pondichery; le 23 Septembre l'Eſcadre Angloiſe, qui croyoit la nôtre en pleine route pour les Iſles, parut à la pointe du jour, & ſe trouva à demi-portée de canon de l'Eſcadre Françoiſe. La Flotte ennemie étoit alors dans le plus grand déſordre. Il eſt notoire que ſi le Comte d'Aché avoit appareillé promptement pour l'attaquer, il l'auroit défait entiérement, ou que le moindre avantage qu'il auroit remporté, eût été de s'emparer de deux Vaiſſeaux qui ne marchoient pas, & que l'A-

» la côte de Coromandel,
» où il ſe joindra au ſieur
» Comte d'Aché.

La Miſſion du Chevalier de l'Eguille étoit donc 1°. de ſe joindre au Comte d'Aché; 2°. de l'aller chercher à la côte de Coromandel, s'il apprenoit à l'Iſle de France, que ce Commandant y fût; 3°. de ſe mettre ſous ſes ordres, s'il le trouvoit à l'Iſle de France. Le Chevalier de l'Eguille partit d'Europe le 9 Mars 1758, fait une traverſée dans laquelle il eſt forcé de relâcher deux fois. Il arrive à l'Iſle de France dans les premiers jours d'Octobre 1758; il n'y trouve point le Comte d'Aché; il ſe diſpoſe à l'aller joindre à la côte de Coromandel. Il demande au Gouverneur de l'Iſle de France ce qui lui eſt néceſſaire pour la réparation de ſes trois Vaiſſeaux; on

miral Anglois auroit été contraint d'abandonner.

n'a rien à lui donner. La Lettre N°. 27 de M. Magon au Comte d'Aché, prouve la vérité de ce fait. On n'a même point de vivres; on le presse de partir pour la côte de Coromandel, quoiqu'on ne puisse pas fournir ce qui est nécessaire pour mettre ses Vaisseaux en état de faire cette traversée. Le manque de ces secours retient le Chevalier de l'Eguille à l'Isle de France. Le Comte d'Aché y arrive le 13 Octobre. Voila la jonction faite. Voilà les instructions du Chevalier de l'Eguille remplies.

Les deux Chefs d'Escadre réunis s'occupent des opérations qu'ils ont à faire. La premiere est de se réarmer les uns & les autres. Le Conseil de l'Isle de France leur représente le vuide des magasins, qu'on n'a pas dans toute l'Isle de quoi sustanter ni les équipages, ni même les habitans. Voilà nécessairement les deux Chefs d'Escadre arrêtés sur les opérations qu'ils pourroient faire; des Vaisseaux ne marchent pas sans agrès, on ne peut les réparer sans mats, sans bray, sans goudron, sans toile à voile; enfin ils ne peuvent sortir sans vivres. Le Comte d'Aché est obligé de porter ses premiers soins à procurer des subsistances à ses équipages & à la Colonie, qui suivant ses instructions & celles du Chevalier de l'Eguille, devoit en fournir à l'un & à l'autre. On assemble un Conseil mixte. On y arrête d'envoyer des Vaisseaux de la Compagnie au Cap de Bonne-Espérance pour acheter des vivres & les autres choses manquantes. Pour assurer le succès de cette miſſion, on met à la tête de cette Eſcadre un des Vaiſſeaux du Roi. On examine celui qui eſt le plus en état de ſortir; on ne trouve que l'*Illuſtre ;* les trois autres ont beſoin de trop fortes réparations. On ſe hâte d'expédier l'Eſcadre pour le Cap comme une opération de premiere néceſſité ; on expédie encore différens Vaiſſeaux pour des traites moins longues ; on prend les équipages des Vaiſſeaux de l'Eſcadre pour cet armement. Voilà le Comte d'Aché & le Chevalier de l'Eguille forcés de reſter oiſifs dans le Port de l'Iſle de France, juſqu'au retour de l'Eſcadre du Cap. Le Comte d'Aché n'a donc point empêché, comme le Comte de Lally l'en accuſe, le Chevalier de l'Eguille d'exécuter ſa miſſion pour Pondichery, puiſque ce Chef d'Eſcadre ne devoit s'y rendre qu'autant que le Comte d'Aché ſeroit à la côte de Coromandel. Le Comte d'Aché n'a donc point retenu volontairement le Chevalier de l'Eguille dix mois à l'Iſle de France, & par-là fait manquer la priſe de Madras, puiſque c'eſt le manque des choſes néceſſaires à l'armement des Vaiſſeaux qui a retenu toute l'Eſcadre dans le Port de cette Iſle. La noirceur de cette accuſation eſt évidente. On ſuppoſera que le Chevalier de l'Eguille étoit en état de partir avec les deux Vaiſſeaux du Roi, comme le prétend le Comte de Lally. Le Comte d'Aché pouvoit-il les envoyer ſeuls à la côte de Coromandel ſans s'attirer les reproches les mieux fondés ?

L'expérience de la derniere campagne avoit convaincu le Comte d'Aché de la néceſſité de conſerver les Vaiſſeaux du Roi pour rendre ſon Eſcadre plus forte & en état de combattre celle des Anglois avec avantage. En les détachant dans ce moment, il ne pouvoit plus eſpérer de les avoir quand il ſeroit à la Côte. Ces Vaiſſeaux auroient été obligés de revenir en Mai ou Juin au plûtard à l'Iſle de France pour ſe réparer, & l'Eſcadre eût été auſſi foible que dans la précédente campagne. La ſituation de Bombay facilite aux Anglois les moyens de ſe rendre à la côte de Coromandel dès le mois de Mars. Le Chevalier de l'Eguille n'auroit eu que deux Vaiſſeaux à oppoſer à l'Eſcadre Angloiſe; qu'auroit-il pu faire? Emboſſé ſous Pondichery, les Anglois pouvoient l'y venir brûler. Si le Chevalier de l'Eguille eût quitté la côte de Coromandel à la fin de Février pour revenir aux Iſles, il n'auroit pas été en état de reſſortir avec le Comte d'Aché. S'il fût reſté à la côte, le manque de tout mettoit forcément le Comte d'Aché dans l'incertitude du tems où il pourroit le rejoindre. Il devoit donc conſerver ces Vaiſſeaux avec lui, quand même il auroit été en état de les faire ſortir.

§. II. *Retenue d'un million par le Comte d'Aché.*

La Compagnie avoit fait charger ſur les trois Vaiſſeaux commandés par le Chevalier de l'Eguille, deux millions deſtinés pour le Comptoir de Pondichery. Le Chevalier de l'Eguille, en arrivant à l'Iſle de France,

France, les avoit fait remettre à la Caiſſe de la Compagnie. C'eſt un de ces deux millions que le Comte de Lally accuſe le Comte d'Aché d'avoir retenu, d'en avoir employé une partie en diamans, qu'il a enſuite remis à Pondichery pour ſolde avec 380000 l. en piaſtres. Il eſt vrai que le Comte de Lally ſe contredit dans ſon Mémoire *in-folio*. Le Comte de Lally dans ce dernier Mémoire n'accuſe le Comte d'Aché que d'avoir retenu le million, il n'ajoute point l'article de la converſion de partie de ce million en diamans. Il convient même que ces diamans proviennent d'une priſe Angloiſe. Mais l'accuſation, pour être diminuée dans ſes motifs, reſte toujours entiere pour la retenue d'un million. De plus, comme le Mémoire *in-4°*. peut tomber entre les mains de perſonnes qui n'auroient pas le Mémoire *in-folio*, le Comte d'Aché ſe doit de répondre ſur tous les motifs de l'accuſation, & de demander également d'être vengé ſur le tout. Le Comte de Lally ſçait que les fonds que la Compagnie a fait paſſer dans ſes Comptoirs de l'Inde, n'ont jamais été adreſſés au Comte d'Aché perſonnellement; c'étoit aux Conſeils réſidens dans les Comptoirs que ces fonds étoient adreſſés. Ces Comptoirs en avoient la libre & entiere diſpoſition. Le Comte de Lally le ſçait, & il accuſe le Comte d'Aché d'avoir retenu un million de deux adreſſés au Conſeil de Pondichery. C'eſt être bien oſé. Il le conſtitue débiteur de ce million. Il ne s'eſt pas laiſſé la liberté d'équivoquer ſur les termes. Le

Comte dit qu'il expliquera dans la ſuite ce qui a été fait de ce million : Il ajoute que le Comte d'Aché lui écrit qu'il alloit dépoſer à terre 380000 liv. en piaſtres, & environ pour 400000 liv. en diamans; le tout pour ſolde du million qui nous étoit deſtiné, & qu'il (le Comte d'Aché) avoit jugé à propos de retenir un an auparavant. Cette converſion d'une partie du million nous portoit un très-grand préjudice. Comment prétendoit-on repréſenter dans la Caiſſe de Pondichery avec des diamans évalués 400000 liv. une ſomme de 620000 livres?

Voilà l'accuſation la plus détaillée, la plus complette & la plus atroce. Le Comte d'Aché a retenu un million. Il en a converti une partie en diamans, qu'il a dépoſé pour ſolde de 620000 liv. qu'il redevoit, attendu qu'il remettoit 380000 liv. en piaſtres. Le Comte de Lally conſtitue bien, par ce compte, le Comte d'Aché débiteur d'un million, & d'un million auquel il ne devoit pas toucher, million deſtiné pour Pondichery, dont il connoiſſoit la ſituation, les beſoins; lui qui ne devoit ſe mêler en rien de l'adminiſtration des finances de la Compagnie. De quel nom peut-on nommer le crime du Comte d'Aché? Ces circonſtances alleguées par le Comte de Lally vont encore le rendre plus grave. Il diſpoſe de ce million à ſon profit. Il en employe partie à l'achat d'une caiſſe de diamans, lui à qui tout commerce eſt défendu par les Ordonnances du Roi. Il apporte à Pondichery cette caiſſe de diamans, pour repréſenter dans la caiſſe de la Compagnie la ſolde de ce million. Le Comte de Lally n'obmet pas une des circonſtances qui peuvent perſuader au Public le fait dont il accuſe le Comte d'Aché. Le Comte de Lally ſçait l'impoſſibilité où il eſt de prouver ce fait ; cependant il y joint tout ce qui peut empêcher le Public d'avoir le moindre doute à cet égard. Il peint la perte que le Comte d'Aché occaſionne à la Compagnie par cette négociation, quoiqu'heureuſement les Anglois aient, trois mois après, rachetés ces diamans ſur le pied de la premiere facture. C'eſt le Comte de Lally qui l'apprend au Comte d'Aché par ſon Mémoire *in-folio*. Le Comte de Lally ſçait l'impoſſibilité de l'exiſtence de ce fait. Méchamment il accuſe le Comte d'Aché. Il attaque donc volontairement ce Chef d'Eſcadre dans ſon honneur. Il mérite donc les peines prononcées par les Loix contre les calomniareurs.

Un ſimple récit du fait va convaincre de toute la noirceur de cette accuſation.

On a dit que les Vaiſſeaux commandés par le Chevalier de l'Eguille avoient apporté deux millions. La caiſſe de la Compagnie étoit auſſi vuide à l'Iſle de France qu'à Pondichery. Le Conſeil de cette Iſle propoſa de donner ces deux millions à l'Eſcadre, que l'on envoyoit au Cap chercher des vivres, pour faire ſa traite. Le Comte d'Aché s'y oppoſa fortement. Il demanda qu'on envoyât des ſecours à Pondichery. On arrêta qu'on enverroit à ce Comptoir un million par la Frégate *la Fidele*, qu'on armeroit à cet effet. On doit trouver dans les Registres de ce Conseil, ou dans ses Lettres à la Compagnie, la vérité de cet exposé. Le Conseil de l'Isle de France, en envoyant le million par la Frégate *la Fidele*, a instruit le Conseil de Pondichery de ses détails. Ils ont alors passé sous les yeux du Comte de Lally.

L'Escadre envoyée au Cap prit dans sa route le Vaisseau Anglois le *Grand-Ham*. Il fut envoyé à l'Isle de France, jugé pour la validité de la prise par le Conseil de cette Isle. Ce même Conseil a fait vendre le Navire & sa cargaison. Les fonds en provenans ont été déposés à la caisse de la Compagnie. Une caisse de diamans s'est trouvée faire partie de sa cargaison, & ce sont ceux dont il est question ici. Le Conseil de l'Isle de France, présumant que ces diamans seroient vendus plus avantageusement à la Côte de Coromandel, les fit embarquer sur les Vaisseaux de l'Escadre du Comte d'Aché, pour être remis au Conseil de Pondichery. Les Anglois les ont rachetés. Ce sont là les diamans à l'achat desquels le Comte de Lally dit affirmativement, que le Comte d'Aché avoit employé une partie du million qu'il avoit retenu.

Ce simple récit suffit pour révolter contre cette accusation. Il y a plus, le Comte de Lally en impose encore par un abus de la Lettre du Comte d'Aché. 1°. Ce Chef d'Escadre ne dit point qu'il va déposer 380000 liv. en piastres, & 400000 liv. en diamans. Le Comte de Lally donne la Lettre N° 56, on peut la lire pour ſe convaincre de la vérité. Les fonds ne regardoient pas le Comte d'Aché. Le Lieutenant en pied du Vaiſſeau & l'Ecrivain étoient les ſeules perſonnes qui en fuſſent chargées. Le Commandant ne pouvoit s'en mêler que pour donner l'ordre de les débarquer. 2°. Le Comte d'Aché marque au Comte de Lally, *je vous cede de tout mon cœur quelque argent que j'ai dans mes Vaiſſeaux.* Cet argent n'a rien de commun avec celui qui avoit été embarqué à l'Iſle de France pour Pondichery. Il s'agit ici de quelques caiſſes de piaſtres embarquées ſur les Vaiſſeaux pour le ſervice de l'Eſcadre, dont le Comte d'Aché voyant le beſoin inſtant qu'on avoit d'argent, voulut bien ſe démunir. Ce ſacrifice volontaire, que le Comte de Lally préſente au Public comme la ſolde d'une dette inique que le Comte d'Aché avoit contractée avec la Compagnie, malgré elle & à ſon préjudice, eſt une preuve du zéle de ce Chef d'Eſcadre pour le ſervice. Le Comte de Lally veut en faire la preuve d'un crime ſuppoſé dont il accuſe le Comte d'Aché. Eſt-il poſſible de réunir tant d'horreurs !

§. *III. Combat. Départ de l'Eſcadre.*

On a vu pages 51, 52 & 53 du Mémoire du Comte d'Aché le détail du combat qu'il a livré à l'Eſcadre Angloiſe le 10 Septembre 1759. On a vu le concours des événemens malheureux qui ont mis obſtacle au ſuccès de ce combat. La fuite de quatre

Vaiſſeaux de la Compagnie en fait partie. Il s'eſt gliſſé dans leur dénomination une erreur de nom, que le Comté d'Aché ſe preſſe d'autant plus de réparer, qu'elle intéreſſe un des plus braves & des plus intelligens des Capitaines de la Compagnie. On a nommé dans ces quatre le *Saint-Louis* au lieu du *Fortuné*. Le *Fortuné* de ſoixante-quatre a réellement pris la fuite, & le *Saint-Louis* au contraire, qui n'étoit que de cinquante, s'eſt battu avec la plus grande vigueur. Ce Vaiſſeau étoit commandé par le ſieur Joannis, à qui le Comte d'Aché rend avec plaiſir toute la juſtice que cet Officier mérite.

On a vu, pages 55 & 56, que l'objet de ſon départ de Pondichery étoit une expédition importante qu'il méditoit. Elle ne pouvoit réuſſir qu'autant qu'elle ſeroit ſecrete. Le Comte d'Aché étoit parti en conſéquence, ſans la communiquer ni au Comte de Lally, ni au Conſeil. Le 17 le Comte de Lally aſſemble la Nation. Il la fait proteſter contre le départ du Comte d'Aché dans les termes les plus vifs & les plus forts. Le *Duc d'Orléans* apporte cet acte au Comte d'Aché à quinze lieues au large. Un Conſeil de Marine avoit décidé la néceſſité du départ de l'Eſcadre. Muni de cet acte le Comte d'Aché ne craignoit point l'effet de ceux que le Comte de Lally pouvoit faire faire à Pondichery contre lui. Auſſi ce ne fut point ce protêt national qui détermina le Comte d'Aché à y retourner. Ce Chef d'Eſcadre en ſentoit toute la nullité. Mais le Comte d'Aché fut touché de la diſpoſition où étoient les eſprits ; cet acte le démontroit ; c'eſt ce qui décida ſon retour. Il crut devoir, pour le bien de l'Etat & de la Colonie, renoncer à une opération dont il connoiſſoit l'avantage, & venir raſſurer les eſprits allarmés des habitans de Pondichery.

A peine le Comte d'Aché eſt-il arrivé qu'on recommence les procédures. Il reçoit de nouvelles députations. Le Conſeil de Pondichery, le Comte de Lally lui-même, ſont convaincus de l'impoſſibilité où eſt l'eſcadre de reſter à la côte de Coromandel. On veut revenir ſur ſes pas. Le Comte de Lally conſent à un arrangement ; mais ſentant que s'il le conſommoit lui-même, il détruiroit l'effet du protêt national, dont il eſperoit tirer avantage contre le Comte d'Aché : il charge MM. de Leyrit & de Buſſi de le conclure avec ce Chef d'Eſcadre.

Le Comte d'Aché, tout griévement bleſſé qu'il eſt, ſe fait porter à terre. Il s'aſſemble avec MM. de de Leyrit & de Buſſi chez le Comte de Lally. On conclut l'accommodement moyennant neuf cens hommes de Marine, que le Comte d'Aché donne avec le tiers de ſes munitions de guerre. Ce Chef d'Eſcadre demande à MM. de Leyrit & Buſſi, s'ils répondent de Pondichery ; l'un & l'autre l'aſſurent que les ſecours qu'il donne procurent à l'Armée une ſupériorité ſi décidée ſur celle des Anglois, que Pondichery n'a plus rien à craindre. Le Comte d'Aché invoque ſur ce fait important le témoignage de M. de

Buſſy. Ce Chef d'Eſcadre demande un acte qui détruiſe le protêt national : ces Meſſieurs répondent qu'il eſt détruit par cet arrangement. Le Comte d'Aché qui avoit toujouts regardé ce protêt comme nul & de nul effet, n'inſiſte pas.

Le Comte de Lally a l'infidélité de garder le plus profond ſilence ſur les ſecours en hommes & en munitions de Guerre que le Comte d'Aché lui a donnés dans tous les tems, au départ même de ſon Eſcadre, & malgré les repréſentations des Capitaines de ſes Vaiſſeaux. Pourquoi ſe taît-il à cet égard particuliérement dans cet inſtant ? C'eſt qu'il ſent que l'arrangement fait par ſon ordre, chez lui, entre le Comte d'Aché & MM. de Leyrit & de Buſſy, annulle le protêt national qu'il avoit provoqué, dans l'intention de perdre le Comte d'Aché. On a démontré dans le Mémoire de ce Chef d'Eſcadre page 59 & 60, que ce protêt national ne pouvoit jamais être validement oppoſé au Comte d'Aché.

§ *IV. Note du Comte de Lally, au ſujet d'un combat que le Comte d'Aché n'a pas voulu livrer à l'Eſcadre Angloiſe.*

Le Comte de Lally inſinue par une note au bas de la page 133 de ſon Mémoire in-4°., que le Comte d'Aché n'a pas voulu le 23 Septembre ſe battre contre l'Eſcadre Angloiſe. Ce Général parviendra difficilement à le perſuader. Le Comte d'Aché va rapporter

rapporter ce fait avec autant de ſimplicité que d'exactitude. Le 23 Septembre le Comte d'Aché fut ſurpris par l'Eſcadre Angloiſe qu'il vit à la portée de canon de *Minotaure*. Il fait appareiller ſes Vaiſſeaux l'un après l'autre. Cette manœuvre s'exécute avec autant de tranquillité, quoiqu'à la vûe de l'Ennemi, qu'on l'auroit pû faire dans le Port le plus ſûr & le mieux fermé. A neuf heures l'Eſcadre étoit ſous voiles, en ordre de bataille, & parée pour le combat. Les Anglois étonnés de la hardieſſe de cette manœuvre, ſe laiſſerent dériver, & dans la nuit reprirent la route de Madras.

Le Comte d'Aché ne donna pas ſur l'Eſcadre Angloiſe auſſitôt qu'il fut en ligne. Il avoit le vent ſur elle, & il ordonna à ſon Eſcadre de tenir le vent. Ce Chef d'Eſcadre va rendre compte des motifs de ſa conduite. 1°. Il eût été plus de onze heures quand le combat eût commencé. A la Côte de Coromandel le vent ſouffle de la partie de la terre, depuis le lever du ſoleil juſqu'à midi. C'eſt ce qu'on appelle la briſe de terre. A midi le vent change & ſouffle de la partie de la mer, c'eſt ce qu'on nomme briſe du large. La briſe de terre donnoit le vent au Comte d'Aché. Il auroit eu cet avantage en commençant le combat. Peu de tems après la briſe du large l'auroit donné aux Anglois, & il pouvoit en réſulter de grands inconvéniens pour l'Eſcadre Françoiſe. 2°. Le Comte d'Aché penſa que ſi les Anglois étoient dans l'intention de ſe battre, ils conſerveroient l'Eſcadre en vûe, & feroient la même route que lui. 3°. Il ne vouloit se battre qu'au vent de Pondichery. 1°. Parce que s'il se fût battu sous le vent, ses Vaisseaux qui étoient délabrés & qui l'auroient été bien davantage dans un second combat, n'auroient jamais pû remonter contre les vents & les courans. 2°. Parce qu'il n'avoit sous le vent de Pondichery aucun Port où il pût trouver un asyle, ni de quoi se remettre en état de retourner aux Isles. 4°. Il ignoroit l'état de ses Vaisseaux, & ce qu'il y avoit de monde sur chacun d'eux. Il étoit très-possible qu'une partie des Equipages eût négligé, ou n'eût pas eu le tems de s'embarquer. Il étoit important que le Comte d'Aché en fût instruit avant le combat. Le mouvement vif de l'appareillage ne lui avoit pas laissé le tems de s'en informer.

Le sieur Joannis témoin confronté au Comte d'Aché, a dit qu'il comptoit se battre & qu'il étoit tout prêt.

Un Capitaine qui n'a que son Vaisseau pour objet, voit différemment que le Général qui commande l'Escadre. Ce Général même ne seroit pas en état de commander s'il ne voyoit que comme ce Capitaine. Il est des considérations qu'il doit peser avant de commencer ses opérations. Celles qu'on vient de détailler étoient assez importantes pour empêcher le Comte d'Aché de s'exposer légérement à un deuxiéme combat, qui pouvoit entraîner la perte de l'Escadre, sans procurer aucun avantage à Pondichery.

Les Anglois ſe retirerent, & le Comte d'Aché crut devoir, d'après ſes inſtructions, ne les pas pourſuivre. En voici l'extrait.

» Ainſi Sa Majeſté preſcrit eſſentiellement au ſieur » Comte d'Aché de mettre tout en uſage pour s'em- » parer ou détruire les Vaiſſeaux de Guerre Anglois » qu'il pourra trouver dans l'Inde, en commençant » ſes opérations par celles-là, à moins que la circonſ- » tance des mouſſons ne le mît dans le cas de trop » s'éloigner de Pondichery, auquel cas il remet- » troit à un autre tems à aller pourſuivre l'Eſcadre » Angloiſe où elle pourroit ſe réfugier.

L'Eſcadre du Comte d'Aché étoit en mauvais état. En ſuivant l'Eſcadre Angloiſe ſous le vent, le Comte d'Aché ſçavoit-il à quelle diſtance de Pondichery il ſe battroit? Après le combat du 29 Avril 1758, ce Chef d'Eſcadre avoit été ſept jours pour remonter d'Alemparvé à Pondichery. * Ces Comptoirs ne ſont diſtans l'un de l'autre que de ſept lieues. S'il ſe fût battu à 15 ou 20 lieues ſous le vent, ce qui pouvoit arriver, il n'auroit jamais pû remonter avant la fin de la mouſſon. C'eſt le cas prévu par les inſtructions du Comte d'Aché, il s'y eſt conformé. On n'a donc aucun reproche à faire à ce Chef d'Eſcadre.

* Le combat avoit commencé à quatre lieues au vent de Pondichery. Les courans avoient fait deriver le Comte d'Aché de 11 lieues pendant le combat.

CHAPITRE IV.

§ I. *Le Comte d'Aché n'a pas reparu à la Côte en 1760.*
§ II. *Soupçons du Comte de Lally.*

§ I. *Le Comte d'Aché n'a pas reparu à la Côte en 1760.*

Le Comte de Lally dit que le Comte d'Aché n'a pas reparu à la Côte en 1760.

Le manque de vivres & des ſecours néceſſaires a retenu d'abord l'Eſcadre dans le Port de l'Iſle de France. La nuit du 27 au 28 de Janvier 1760, un ouragan furieux a fait échouer tous les Vaiſſeaux dans le Port. Le Comte d'Aché n'avoit plus de Vaiſſeaux a oppoſer à l'Eſcadre Angloiſe qui venoit de recevoir de nouveaux renforts. L'Iſle de France étoit menacée ſi le Comte d'Aché avoit eu des Vaiſſeaux; il ſeroit toujours reſté dans cette Iſle pour la défendre, puiſqu'il en avoit reçu l'ordre du Roi & de la Compagnie.

§ II. *Soupçons du Comte de Lally.*

Le Comte de Lally a dit dans ſon interrogatoire qu'il ſoupçonnoit le Comte d'Aché d'avoir donné communication aux Anglois de ſes inſtructions, parce qu'il en

Ce ſoupçon qui met le comble aux calomnies du Comte de Lally, ne pouvoit être conçu que par lui. Le Comte d'Aché n'a

a vû des pages entieres tranſcrites dans le manifeſte qu'ils ont donné pour juſtifier la deſtruction de Pondichery.

jamais eu de communication avec les Anglois qu'à coups de canon. C'eſt la ſeule réponſe que ce Chef d'Eſcadre a faite dans ſon interrogatoire, & qu'il puiſſe faire ici. *Signé*, le Comte D'ACHÉ.

DESJOBERT, Procureur.

EXTRAIT de la Lettre de M. de Moras à M. le Comte d'Aché. du 10 Mars 1757. N°. 1.

J'AI reçu, Monſieur, par l'un de mes Couriers, les Lettres que vous m'avez écrites du 5 & 6, ſur le déſaſtre des Vaiſſeaux le *Zodiaque* & le *Belliqueux* dans leurs mâts de hune. Je les ai portées au Roi, & vous devez bien juger que Sa Majeſté a appris avec beaucoup de peine des contre-tems de cette eſpéce dans votre partance. *Quoiqu'il en ſoit, Sa Majeſté approuve le parti que vous avez pris de rentrer en rade de Breſt, pour vous mieux réparer & en moins de tems.*

EXTRAIT des Inſtructions de Monſieur le Comte d'Aché. N°. 2.

S'il trouve quelques Navires Anglois Negriers, allant des Côtes d'Afrique à l'Amérique, il s'en emparera, faisant repartir les Negres sur les Vaisseaux & autres Bâtimens qui seront avec lui, & brûlant ses Navires. Il remettroit ces Negres à l'Isle de France pour y être vendus pour le compte de qui il appartiendra, conformément à ce qui lui sera expliqué ci-après, & à ce qui est prescrit au sieur de Mondion, Commissaire de la Marine, embarqué à la suite de l'Escadre.

EXTRAIT du Mémoire de la Compagnie.

Il a été recommandé ci-dessus de ne point s'occuper en partant de faire aucune prise, mais seulement de poursuivre sa route avec promptitude & célérité. Cette défense ne doit cependant pas s'interprêter comme devant être générale, jusqu'à l'arrivée des Navires à l'Isle de France. Il est, à la vérité, de la prudence dans toute la traversée, jusqu'à la hauteur de l'Isle de Sainte-Helene, d'éviter tout Navire de guerre, parce qu'on ne peut les combattre même avec supériorité, sans s'exposer d'en être incommodé, & qu'on pourroit l'être au point de ne pouvoir continuer son voyage, ce qui est à éviter. Mais en premier lieu, dès qu'on sera assez éloigné du Cap Finistere, pour n'avoir rien à craindre de la part des Navires ennemis qui croisent aux attérages des Isles de France, il paroît qu'on ne doit pas manquer de prendre les Navires Marchands, & autres Navires de peu de défenſe qu'on rencontreroit ſur ſa route, & dont on pourroit s'emparer ſans retarder ſon voyage : de ce nombre ſont les Navires Negriers, qui pourront aller & venir de la Côte d'Afrique, que le Commandant pourra à ſon gré conduire à l'Iſle de France, ou côuler à fond après en avoir retiré les Negres, les équipages, les papiers de bord & les meilleurs effets, & en avoir fait dreſſer procès-verbal d'inventaire.

LE CONSEIL SOUSSIGNÉ, qui a lu les premiere, ſeconde & troiſiéme parties du Mémoire in-4°. du Comte de Lally, les deux écrits in-folio, intitulés, l'un : *Tableau Hiſtorique de l'expédition de l'Inde ;* l'autre : *Vraies Cauſes de la perte de l'Inde,* enſemble le Mémoire pour M. le Comte d'Aché, les Piéces juſtificatives qui y ſont jointes, & ſes Réponſes aux Imputations qui lui ſont faites par les différens Mémoires du Comte de Lally.

Eſtime 1°. Que la juſtification de M. le Comte d'Aché eſt pleinement & ſolidement établie dans les Réponſes que le Mémoire ci-deſſus offre aux Imputations faites contre lui, & qui ont donné lieu à un Decret d'aſſigné pour être oui, auquel ce Chef d'Eſcadre ne devoit pas s'attendre. 2°. Que s'étant conduit dans ſon expédition & dans les conjonctures les plus critiques avec autant de valeur, que de prudence & de déſintéreſſement, il a tout lieu d'eſpérer qu'il obtiendra ſon entiere décharge en la Cour, malgré les efforts indiſcrets d'un accuſé téméraire, pour l'entraîner dans les liens dans leſquels il eſt retenu. 3°. Que cet Accuſé s'étant transformé en Dénonciateur, & en Dénonciateur calomnieux contre M. le Comte d'Aché, celui-ci eſt bien fondé à ſe plaindre d'une récrimination auſſi odieuſe qu'elle eſt injuſte, & pour réparation à demander la radiation des faits calomnieux & des termes injurieux répandus dans les différens Mémoires dont le Public eſt inondé, & qui paſſeront dans les Pays Etrangers; à l'effet de quoi il ſera dreſſé un Procès-verbal qui conſtatera cette radiation, & qui en même-temps ſervira de titre à M. le Comte d'Aché, non-ſeulement dans ſa Patrie, mais encore chez les Etrangers, pour conſerver dans toute ſa pureté ſon honneur, qui lui eſt plus cher que les grades, que les richeſſes, & que la vie même.

Délibéré à Paris, le 24 Avril 1766.

L'HERMINIER. DE LAMBON. DE LA MONNOYE.

AVED DE LOIZEROLLE.

A PARIS, chez P. G. SIMON, Imprimeur du Parlement, rue de la Harpe, à l'Hercule, 1766.

www.ingramcontent.com/pod-product-compliance
Lightning Source LLC
LaVergne TN
LVHW011952160826
845678LV00002B/506

* 9 7 8 2 3 2 9 6 7 6 9 5 1 *